AF547942

Irene Pietsch

Dreimastbark Robbenklasse

Das Logbuch eines Kulturprojekts

Mandamos Verlag

Umschlag und Buchinhalt:
Sämtliche Bilder©: Irene Pietsch

Verlag: Mandamos Verlag UG (haftungsbeschränkt)
Alte Rabenstr. 6, 20148 Hamburg

Herstellung und Auslieferung:
tredition GmbH,
Grindelallee 188, 20144 Hamburg

ISBN
Paperback 978-3-946267-27-0
Hardcover 978-3-946267-28-7
e-Book 978-3-946267-29-4

Printed in Germany

Inhaltsverzeichnis

Was Politik will
und Kultur vermag 7

Projekt und Tournee 17

ProjektLabor 185

Projekt 241
„Labe trifft Elbe"

Was Politik will und Kultur vermag

Ein nicht gerade beliebter, aber oft zitierter Häme-Spruch aus vergangenen Tagen lautet:

Das kommt vom vielen Mussnichtun und Kannsnichtlassen. Korrekt Neudeutsch heißt es: „Mussnichttun" und „Kannstnichtlassen".

Es steht zu vermuten, wenn nicht gar zu befürchten, dass die Formel inzwischen ganz aufgehoben worden und anderen Geboten gewichen ist, die von 1-10 nicht weniger moralischen Anstand beinhalten.

Erstes Gebot:

Du sollst nicht vergessen.

Ich erinnere mich an den Werdegang von „Schwimm! Gaston schwimm!“, meinem zweiten Buch, das ich, zur eindeutigen Unterscheidung zum ersten, dessen gesamtpolitischer Inhalt kaum zu überlesen ist, als gesamtkünstlerisches Projekt angelegt hatte.

Mit dabei:

(Lebens)Intendanten,

(Begleit)Musiker,

(Lebens) Künstler

und so einfach und schwierig wie die Suche nach dem täglich Brot: Freunde.

Die (Lebens) Intendanten:

Prof. Dr. Hermann Rauhe, *Altpräsident der Hochschule für Musik und Theater in Hamburg. Er ist unverändert einer der erfolgreichsten Brückenbauer zwischen Kultur, Wirtschaft und Politik.*

Sein Werkverzeichnis füllt Bände. Ohne seine Unterstützung und Bereitschaft, mir immer wieder beratend zur Seite zu stehen, wäre „Schwimm! Gaston schwimm!“ ein schönes Buch geblieben, dem jedoch das Glück der Vollendung fehlt, ohne dabei die Spannung der Neugierde zu verlieren, ob noch weiteres von bewegendem Interesse kommt.

Auch deshalb nun in gebotenem Zeitabstand die Dokumentation zu „Schwimm! Gaston schwimm!" mit dem subjektiv weitgehend unverstellten Blick auf Abläufe und Kontexte einer nicht mehr direkt Involvierten.

Ich habe hier Gelegenheit genommen, den oben genannten Umstand auf beinahe jeder Seite zu verdeutlichen und meine im Nachherein, dass ich die Seiten auch locker mit der doppelt und dreifachen Anzahl von Historien hätte füllen können, wenn ich der Gesamtheit des Einsatzes aller am Projekt Beteiligten zu einem noch bedeutenderen Teil hätte gerecht werden wollen als jetzt.

Die Unterlassungssünde ist meinem Bemühen geschuldet, insgesamt die Waage zu halten. Mehr Schlaglichter auf Details der einen oder andere Entwicklungsphase habe ich mir deswegen schweren Herzens versagt.

Prof. Thomas Thomaschke, *Gründungsintendant des Festivals Mitte Europa, hat durch konstruktive Aufbauhilfe kulturelle Aufräumarbeit kriegsbedingter Schäden im Deutsch-Tschechischen Grenzgebiet geleistet und war sich nicht zu schade, gerade kleine, sonst vernachlässigte Orte in das umfangreiche Programm des Festivals mit einzubeziehen.*

Er war es, der als erster den Finger hob, als ich einen Veranstalter für ein grenzübergreifendes Musiktheater zu meinem Buch „Schwimm! Gaston schwimm!" suchte und damit etwas in Gang setzte, das auch meine Vorstellung von einem KulturBuchProjekt ansprechender Größenordnung bei weitem überbot.

Von **Professor Frank Böhme** *ist in diesem Buch viel die Rede. Er agiert als intellektueller Kommunikator zwischen Ost und West, der Bücher zum unerklärten Weltkulturerbe erhoben hat, ohne Musik und Kunst zu vernachlässigen.*

Frank Böhme inszeniert, hält Vorträge, komponiert und forscht. Am erstaunlichsten wirkt er, wenn man für seinen kulturellen Hochleistungssport fit genug ist. Das Buch- und Kulturprojekt „Schwimm! Gaston schwimm!" war es.

Last, but not least: **Professor Hans-Joachim Frey**, dessen Kulturmanagement- und künstlerische Karriere genau so steil wie ungewöhnlich ist.

Er ist ein Wanderer zwischen den Welten des Ostens und des Westens und war damals - über alle schwierigen Zeiten hinweg - mein unerlässlich guter Freund, der die Verbindung zu

Russland, dem wichtigen östlichen Teil Europas, hielt.

Hans-Joachim Frey und mich verbindet viel, ganz besonders, dass wir beide unerschrocken bemüht sind, dem keineswegs unerklärlichen Phänomen der „russischen Seele" mit Verständnis zu begegnen und unsere Erkenntnisse in den Westen hinein weiter zu geben, damit das neue Russland kein Salongespräch bleibt.

Irene Pietsch

Projekt und Tournee

1

Für alle, die „Schwimm! Gaston schwimm!" noch nicht gelesen haben, hier der leicht ausgeschmückte und den gegenwärtigen politischen wie gesellschaftlichen Aktualitäten angepasste Fantasieinhalt im Zeitraffer:

Gastons Identifikationsmerkmale: Seebär, männlich, geschlechtsreif. Unveränderliche Kennzeichen: Er kennt keine Flutgefahr, hat ständig Hunger. Existenzängste: väterlicher- wie mütterlicherseits unbekannt. Gesellschaftsstatus: kapitalkräftiger Playboy unter Naturschutz.

Der Ernstfall:

Nach der Bionorm für Meeressäuger ist Gaston streng genommen keine Robbe. Dessen ungeachtet findet er bei mir unter diesem Dachbegriff Asyl. Der Bezug zu menschlichen Lebensläufen wird dadurch nicht übermäßig verkompliziert. Wer mag, kann aber auch in Kategorien von Schmetterlingen und Kartoffelkäfern denken.

Meine Praxis schriftstellerischer wie künstlerischer Freiheit ist nicht überall gut angekommen und hat seitens der Experten den Vorwurf laut werden lassen, in meinem Buch würden Walross und Forelle in einen Topf geworfen, obwohl genau das in manchem Zoo - von eben den Experten, die mich kritisiert haben - unbeanstandet getan wird.

Die „Töpfe" dort sind manchmal groß genug, manchmal mehrere Nummern zu klein. Was offenbar für Expertisen zählt, ist der Oberbegriff „Zoo" und der Standort bzw. die Lage. Ein „Seydlitz" tut es nicht mehr. Ein moderner Tierkundeatlas auch nicht.

In den entsprechenden Becken machen dann sowohl Walross als auch Robbe eine gute Figur, allerdings - anders als in offener See - zu getrennten Schwimmzeiten. Der einfache

Grund dafür: das Walross hat zu viel Verdrängungspotenzial.

Es kommt aber vor, dass es selbstverliebt wie Adonis auf die spiegelblanke Wasserfläche schielt und meint, sein freundlich beschienenes Walrossantlitz wäre das eines süßen Robbenfratzes.

Nur diese Verhaltensweise interessiert im Buch und dem darauf aufbauenden Projekt. Körperbau und Funktionsfähigkeit des Innenlebens beim Walross-Seebären- oder Robbenstamm mag an anderer Stelle von berufenerer Seite untersucht und publiziert werden.

2

Gaston planscht im arttypischen Bassin des Prager Zoos respektable Muster der tierischen Aquarellkunst auf die Wasseroberfläche und spuckt rekordverdächtige Fontänen an einem schön gestalteten Warnschild vorbei:

„Non sputare nella carrozza".

Der Hinweis gilt den Besuchern des Robbengeheges und ist eine Spende des italienischen Partnerzoos in Pesaro. Es bedeutet so viel wie „Bitte nicht in den Wagen spucken." Frei übersetzt: „Mit Robben spielen verboten!"

Die Italiener müssen es wissen. Ihre Adria ist die auserkorene Badewanne Bohemias, wovon sich Germania gerne ab und an mal ein Stückchen abschneidet. Rein wissensmäßig, versteht sich, was im Speiseplan der inländischen Trattorias und Bottegas Germanias wiederzufinden ist.

„Weil das Leben schön ist" heißt es fortan an ähnlich heiklen Stellen von Bundesstraßen oder Autobahnen, die von Aquaplaning durch Robbenwanderung bedroht sind.

Die Polizei hält sie unter Beobachtung, Zuschauer mit Regenschirmen und Ölzeug helfen als Sensationsberichterstatter fürs eigene Album, um den nächsten Kaffeeklatsch oder den nächsten Stammtisch aufzupeppen. Bis der Nachbar oder die Nachbarin kommt. Das bedeutet dann: Ende der Runde.

Gaston ist zwar geschlechtsreif, aber bedenklich jung an Jahren. Sein Leben liegt noch vor ihm. Sehen wir es ihm nach.

Das Privileg der Kindheit und Jugend ist die Langsamkeit des Wachstums der Vernunft, die wir erst zu schätzen lernen, wenn wir älter werden und merken, dass wir trotzdem ab und an in den Genuss des legendären Augenblicks kommen, wenn er wirklich so schön ist, wie uns vom Dichter verheißen.

Zunächst: Erst die Muckis, dann der Verstand. Gastons unablässig sprudelnder Nonsens täuscht Verständigkeit vor. Das macht Spaß, das fördert die Beliebtheit. Sorgen machen sich andere, wenn überhaupt. Auch damit kann Unfug getrieben werden.

Soweit der Inhalt.

Weitere Hintergründe und Zusatzinformationen gebe ich in den folgenden, wenigen Kapiteln.

Es handelt sich bei der Geschichte „Schwimm! Gaston schwimm!" um das Genre Fabel.

Sie dient als die erwähnte, spiegelnde Oberfläche. Ihr tieferer Sinn besteht darin, sich selber erkennen zu können, wenn der Mumm dafür reicht.

In Hamburg hat man damit Erfahrung. Das Robbengehege heißt hier Senatsgehege. Die Herren und Damen darin kennen Muckis und Mumm als Spiel für alle Fälle.

Ihr nimmermüder Verstand fungiert als Relais Station für die Gehegepflege und wirft ihr Licht auf das bunte Ringsherum. Das Konzept: Erneuerung, wo sattsam Stillstand droht.

Das Jahr 1962 wird zur Herausforderung. Die große Flut kommt. Die Elbe steigt wie nie zuvor. Ihre Wellen lecken die Rathausstufen. Es gibt mehrere Hundert Menschenopfer zu beklagen. Der materielle Schaden ist immens.

2002 werden Bilder von damals wach. Mein Mann und ich sind mitten im Um- und Einzug von der Alster an die Elbe, direkt an eine der wichtigsten Schleusen Hamburgs, einem Hochwasserbollwerk. 2002 ist sommerlich schönes Wetter eine Mangelerscheinung.

Die Überlaufventile der beiden Schleusenkammern müssen immer häufiger weit geöffnet werden.

Die Besorgnis der zuständigen Ämter wächst.

Dazu flattert ein als wichtig erkennbarer Zettel ins Haus.

Die Polizei teilt mit:

Sie wohnen in einem Flut gefährdeten Gebiet. Bitte entnehmen Sie der beigefügten Skizze, in welcher Gefahrenzone sich das Grundstück befindet und achten auf die angegebenen Maßnahmen.

Wir gehören zur roten Zone und sind somit im Ernstfall am stärksten betroffen. Beim ersten Sirenenton ist das Radio anzustellen und angestellt zu lassen, um weitere Anweisungen abzuwarten.

Die Hochwasser Sirenenübung wird jährlich durchgeführt und läuft unter dem prickelnden Oberbegriff „Katastrophen-alarm“. Die wenigsten Bürger und Bürgerinnen wissen damit genauso wenig umzugehen wie mit Zuchtbrennnesseln als Gemüsebeilage aus deutschem Herbarium.

Die auf- und abschwellenden Töne und ihre wechselnden Intervalle sind schwer von anderen auf- und abschwellenden Tönen mit wechselnden Intervallen zu unterscheiden, die auf beinah unmögliche Gefahren aufmerksam machen sollen. Sie werden den Bürgern auf grafischen Darstellungen erklärt.

Man müsste den Summtest machen, was unterbleibt. Wer möchte sich schon in aller Öffentlichkeit oder am Frühstückstisch zu Hause mit der Zeitung in der Hand beim Falschsummen ertappen lassen.

Mögen sie niemals kommen, diese exorbitanten Gefahren!

Am besten: wir hören weg, nicht hin oder von beidem nichts, um gewappnet zu sein, wenn nichts von allem funktionieren sollte, was unwahrscheinlich ist.

Es gibt nicht nur ferngesteuerte Warnungen, sondern auch einen Handbetrieb durch allseits versierte Techniker, die auf höheren Befehl übernehmen, wenn die Elektronik ausfallen sollte, was bisher nicht vorgekommen ist oder sich unbemerkt ganz von selbst wieder ins „Soll“ gebracht hat.

Für uns an der Schaartorschleuse gilt ferner: Es ist Notgepäck in Reichweite zu deponieren, elektrischen Geräten ist der Kontakt zur Dose zu entwinden, eine Reserve von Lebensmitteln mit langem Verfallsdatum und notwendige Medikamente sollten nicht vergessen werden.

Auch ist ein Vorrat an Trinkwasser anzulegen. Ein paar Gallonen dürften zusammenkommen, wenn man bedenkt, dass ein Erwachsener am Tag mindestens zwei Liter Flüssigkeit zu sich nehmen soll.

Kein Wort über die Toilettenspülung. Ausreichend Katzenstreu und Hundekotbeutel sind heutzutage eh kein Luxus mehr, sondern in jedem gut geführten Haushalt trocken und steril in der Abseite gelagert, wenn man eine hat.

Die Lebensgemeinschaft zwischen Tier und Mensch wird unseren Kleinen am Beispiel von Friesischen Bauernhaustypen in Freilichtmuseen beigebracht.

Im Grunde wird also nichts Unmögliches verlangt.

Meine Stimmung kann als deprimiert bis verzweifelt bezeichnet werden. Mein Mann findet das übertrieben. Er ist Jurist. Amtsdeutsch ist seine allzeit präsente Beruhigungsformel und:

„Die Jahrhundertflut von 1962 liegt doch schon lange hinter uns."

Der RAF-Terror der siebziger und achtziger Jahre ebenfalls. Die Jahrhundertflut von 2002 kommt erst.

Vom Atlantik naht Starkregen, für dessen Wucht noch kein weiteres Attribut als „Sintflut" gefunden worden ist.

Wer ist schuld?

Beinahe alle Völker und Religionen dieser Erde kennen Varianten des Gleichnisses aus dem AT (Altes Testament) von der Strafe Gottes für Frevel, die gebüßt werden müssen, um die Existenz der menschlichen Spezies zu rechtfertigen.

Noah, einer der biblischen Vorurväter, ein arbeitsamer Mann aus dem Handwerk der Schiffszimmerer mit wohlgefälligem Lebenswandel bekommt den göttlichen Auftrag, ein Paar jeder Art zu retten. Kräutchen-rühr-mich-nicht-an gibt es nicht. Noah ist zupackend. Er kommt wohl von der Küste und ist wahrscheinlich sogar Begründer oder Mitbegründer vom Roten Kreuz, Roten Halbmond, dem Magen David oder auch großen Institutionen wie die Gesellschaft zur Rettung Schiffbrüchiger und Bruderschaft der Leuchtturmwächter.

Seine nautische Erfindung: die manövrierfähige Arche. Deren Ankerplatz nach einer Irrfahrt, auf die Odysseus lange warten musste und nie erreichte: der Ararat im Hochgebirge Kleinasiens, unfern der berühmt-berüchtigten, vom höchsten Gipfel bis ins tiefste Tal - und aus ihm heraus - führenden Slalomstrecken.

Näheres über die geographische Lage ist bitte einem seriösen Weltatlas der Geschichte zu entnehmen.

Hamburg müsste viele Berge versetzen, um in den Genuss einer auch nur annähernd ähnlichen „Warft“ zu kommen. Wir begnügen uns mit natürlichen, vielprozentigen Steigungen, die auf dem Scheitel ein „Süll“ tragen.

Erst danach rangiert die Köhlbrandbrücke, nicht hoch genug, wie uns inzwischen Containerriesen lehren. Das könnte in die Geschichte vom ehrenamtlichen Lebensretter Noah mit reinsielen, wird jedoch offen gelassen. Was es damit auf sich hat, erfahren wir später.

Das Interieur der Geschichte von Noah und der Arche wird von mir mit böhmisch-sächsischen Sprach- und Gestusnuancen möbliert.

Beiden Urhebern habe ich bei verschiedenen Gelegenheiten persönlich, in Filmen, Büchern und in Kunstausstellungen von großartigem Format nicht auf die Finger, aber „auf's Maul" schauen können.

3

2002: Hamburgs Partnerstädte Dresden und Prag sind im Auge des Flut Hurricanes.

Was in Weltkrieg I und II entweder verschont oder zu wertvollen Ruinen wurde, die es wieder aufzubauen gilt, droht jetzt unterzugehen. Die Augen der Politiker, Kunsthistoriker und aller, denen die beiden Städte als kulturgeschichtliche und geistige Zentren mehr als etwas bedeuten, sind in banger Erwartung dorthin gerichtet.

In der Oberstadt Prags ist die Karlsbrücke bedroht. Sie ist Stein gewordene Metapher für

Macht und Mystizismus, für Wissenschaft und Weisheit.

In Dresdens Oberstadt ist es – neben vielem anderen – das Grüne Gewölbe. Es steht unter Wasser. Die Semperoper kämpft unterhalb der höchsten Töne.

Gichtige Stimmbrüche bei Weltklassesängern und aufquellendes Holz bei Violinen, Celli und Contrabässen, Unikaten aus Werkstätten des Insidern bekannten Instrumentenbaus sächsisch-italienischer Provinienz, will keiner riskieren.

Zu was Künstler und deren Verwalter fähig sind, zeigt sich in diesem Moment. Die Losung: raus aus dem Schlamm, Ärmel aufkrempeln und ran an die Benefizfront. Eine Sternstunde des Kulturmarketings schlägt. Die Sächsische Staatskapelle musiziert landauf, landab um Hilfe und bekommt sie.

In den jeweiligen Unterstädten von Prag und Dresden gilt ebenfalls: Hilft Dir nicht Gott, so hilf Dir selbst. Einerseits.

Es regnet weiter.

Viele Menschen leben mit dem Notwendigsten auf Dachböden. Einige, nicht wenige müssen sich nach kurzer Zeit von dort weiter auf's Dach retten. Alles wird zum Wettlauf mit der Flutwelle.

Allerorten ist vom Scheitelpunkt die Rede. Gemeint ist die Mitte der Flutwelle bei angenommenem Höchststand, die nicht in Übereinstimmung steht mit dem Scheitelpunkt der Notwendigkeiten zur nachhaltigen Verbesserung der Lage aller Kreatur.

Das ist der Stand der Dinge, als ich mir vornehme, etwas aus der Taufe zu heben, das sich zwar hart an den Realitäten bewegt, aber poetisch genug ist, die lädierte Seele zu streicheln. Von mir vage angedacht: eine Art kulturelle Mission ohne vorherigen oder späteren Beitrittszwang.

Einzige Legimitation ist die derzeit gültige Volljährigkeit. Entgegen anders lautender Gerüchten ist sie mit der viel belächelten „sittlichen Reife" gleichzusetzen. Keine Oberprima ohne.

4

Eine der ersten Benefizveranstaltungen zu Gunsten von Flutopfern wird in einem Hotel auf der Fleetinsel organisiert. Mein Mann und ich werden eingeladen. Wir sagen zu und verschieben die Aufräumarbeiten unseres Einzugs in das neue Domizil.

Ich lasse den in hanseatischer Gelassenheit und mit dem Wohlanstand der Wissenden und Könner hinplätschernden Abend auf mich wirken. Wie bei gesetzten Essen üblich, treten Messer, Gabel und Löffel ausschließlich für den wohltatigen Zweck in Aktion.

Einer der termini technici dafür kommt aus den Vereinigten Staaten von Nordamerika und wird dem angelsächsischen Spendenverhalten zugeordnet. „Fund raising“ nennt es sich und bedeutet frei übersetzt in etwa: „finanziellen Ballast für Spenden lenzen“.

Der Vorgang ist vergleichbar mit Brahms´ musikalischem Opfer, nachdem er mit Schumanns Strohwitwe ertappt wird und sich seiner eigenen Pianisten Laufbahn besinnt.

Clara zieht für sich und ihre eigene Karriere die in einer solchen Situation üblichen, meistens auch unvermeidlichen Konsequenzen. Sie macht sich damit bei Brahms unbeliebt. Brahms seinerseits viel später bei den Clarianern. Gespielt werden beide. Er genauso von Pianistinnen wie sie von Tastenlöwen.

Die untermalende Tafelmusik kommt von Studierenden der Hochschule für Musik und Theater in Hamburg. Ihr Präsident, Prof. Dr. Hermann Rauhe, ist ebenfalls anwesend. Seine Überzeugungskunst, mit der er für Musikprojekte begeistert, wird gleichermaßen bewundert und gefürchtet. Wie kaum ein anderer versteht er es, dafür Herzen und Portemonnaies zu öffnen. Ich habe ihn vor Jahren durch meinen Mann kennen und schätzen gelernt. Er denkt und spricht in Ganzheitsmethode. Die ist meistens Projekt bezogen. Ich „adoptiere" einiges davon. Gerade jetzt scheint mir der Moment gekommen, mich darin zu erproben.

Meine Frage:

„Können wir ein gemeinsames Projekt auflegen?"

„Hast Du eine Idee?"

„Mir geht gerade ein situationsbezogenes Thema durch den Kopf. Es könnte mit Gaston zu tun haben."

„Gaston?"

Ich gebe eine kurze Zeitungsnotiz aus der Frankfurter Allgemeinen Zeitung wieder, die mich aufgewühlt hat.

„Gaston wird von der gewaltigen Flutwelle erfasst und zusammen mit einigen Ko-Robben aus dem Zoogehege in Prag herausgeschleudert. Die FAZ hat ein Bild mitgeliefert.

Die „Kos" werden eingefangen und zurückgebracht. Gaston selber entwindet sich instinktiv der guten Absicht mit dem rettenden Netz und schwimmt bis nach Sachsen.

Dort wird er an Land gezogen, als er sich vor Erschöpfung nicht mehr wehren kann, wo er doch meint, sich wehren zu müssen und sich dabei total verdenkt.

„Hilfe", hat er auf Tschechisch geschrien.

Er wird verstanden. Erste Hilfe kommt.

Es ist der Stoff für ein anspruchsvolles Melodram west-östlichen Zuschnitts."

Prof. Rauhes Reaktion:

„Großartig. Lass Dir etwas einfallen."

Ich, nicht gerade von Bescheidenheit geplagt:

„Einen Titel habe ich schon. Die Geschichte müsste nur noch

illustriert, vertont und auf die Bühne gebracht werden."

Geradeaus gefragt - subtil geantwortet. Die Effizienz von Prof. Rauhe ruht nie:

„Ich gucke mal, wer die Musik schreiben kann. Du hörst von mir in den nächsten Tagen."

So ist es, wenn der starke Wille da ist, so kann es sein, wenn die gute Tat hinzukommt.

Mein Mann ist aus Besorgnis empört. Er wiegt bedenklich den Kopf und wägt juristische Fragen ab, versucht mich - tonlos - zurückzupfeifen, bufft mich, tritt mir spürbar auf den Fuß. Nichts hilft. Was mir zum Anliegen wird, geht mir in Fleisch und Blut über. Dementsprechend rede ich nicht mehr von einem Buch, sondern von einem kompletten Projekt „Schwimm! Gaston schwimm!", als wenn ich es bereits fix und fertig in der Schublade hätte.

Am nächsten Tag setze ich mich allerdings brav an den Schreibtisch. Das Manuskript entsteht in Intervallen, die von kurzen Studienreisen bestimmt werden.

Mein Mann hat häufig in Berlin zu tun. Ich darf ihn begleiten und nehme Gelegenheit, jeden Tag mehrere Lektionen in gelebten Grenzübergängen, verwischten Demarkationslinien und Bereinigungsbemühungen zu erleben.

Von Berlin gingen zwei Welt-kriege aus. Von Berlin aus wird auch im Jahr 15 nach der großen Flut unverändert an der grundlegenden Behebung ihrer Folgen gearbeitet.

Berlin ist keine Liebe, Berlin ist ein Sog, dem man sich so-wohl entziehen muss, um nicht unterzugehen und andererseits genug zulassen muss, um Freu-den aufzuspüren.

„Schwimm! Gaston schwimm!“ entsteht vor genau diesem Hin-tergrund: die Verheerungen der großen Flut in Osteuropa im Gedächtnis, die Museumsinsel,

Spree, Spreekanal und den ehemaligen Grenzübergang „Checkpoint Charly“ vor Augen. Der GI in Olivgrün ist ein sauber durchdachtes Portrait von einem Fotografen, eine eklatante Verharmlosung der damaligen Situation, als die vier Siegermächte drohten, ihr gemeinsames Ziel aus den Augen zu verlieren und die Kontroversen in und um Berlin um Haaresbreite daran waren, Weltkrieg III herauf zu beschwören.

Das Resultat ist bekannt: die „Schweinebucht“ wurde durch Vernunft besiegt. Man ließ den Ablauf der Krise wieder und wieder Revue passieren, um sich über die Hintergründe klar zu werden. Danach war vom „kalten Krieg“ die Rede.

Bis hier steht meine Geschichte im Kontext mit der europäischen Nachkriegsgeschichte.

Die Realität heute:

Der Warnhinweis „Achtung! Sie verlassen den amerikanischen Sektor“ hat im Massentourismus tiefenpsychologisch gewirkt.

Die ehemalige Kontrollstation ist eine Verkehrsinsel für Kauflustige von gefälschten Uniformen und Orden sowohl US-amerikanischer als auch sowjetischer Herkunft. Der schrille Mummenschanz am Ende der Friedrichstraße gleicht einem

Totentanz von Gedankenlosen und Ignoranten.

Ganz in der Nähe: schön restaurierte Häuser und ein schlicht, aber eindrucksvoll gestaltetes Denkmal für die Brüdergemeinde. Ich entdecke es zufällig. Es animiert zu einem weiteren Bild in meiner so genannten „Faction“: Gaston auf der Moldau-Elbe Außenschwimmbahn durch Böhmen.

Das hört sich komisch an, könnte es sogar sein, ist es aber in meiner Fabel keineswegs. Die Bedingungen, unter denen Gaston seine Prüfung als Leistungsschwimmer antreten muss, sind miserabel.

Die Komische Oper am Ostberliner Prachtboulevard Unter den Linden schwimmt ebenfalls gegen den Strom. Sie gibt auf ungewöhnliche Weise Anregungen. Ihre Öffentlichkeitsarbeit findet den Weg zur belebten Straße durch's tönende Schaufenster der laufenden Bilder von Musikdramen. Es ist ein bemerkenswerter Monolog mit dialogischer Möglichkeit, sich zur Vervollständigung des ersten Eindrucks in den Musentempel hinein zu begeben, um Eintrittskarten zu kaufen.

Insidertipp für Millionen: Die Doppeldecker Busse 100 oder 200 nehmen! Sie haben Londoner

Vorbilder und sind auch in Berlin veritable Archen.

Über Unter den Linden fahren sie an der Alten Wache vorbei, wo das Grabmal des Unbekannten Soldaten zum Nachdenken auffordert. Helferin der Sinnstiftung: eine Skulptur von Ernst Barlach.

Eine Mutter hält ihren toten Sohn in den Armen. Oberhäuptern befreundeter Staaten ist es ein besonderes Anliegen, hier innezuhalten und der Toten aller Kriege zu gedenken. Gänsehaut-Hintergrundmusik gibt es gratis dazu.

Am Parkgelände Tiergarten in Berlin-Mitte mit Naturschutz für Mensch und Grill trennen sich die Wege von 200 und 100.

Bus 200 biegt nach links ab und quert dabei über weite Strecken Ostberliner Gebiet. Er arbeitet sich vorbei am Mahnmal für die ermordeten Juden Europas und dem gigantomanischen Potsdamer Platz, der selbst hart gesottenen Straßenkünstlern zu ungemütlich ist, weswegen sie selten einzeln, sondern organisiert in Corpsstärke auftreten, um sich Gehör zu verschaffen.

Es folgen in logischer Reihenfolge: der Gebäudekomplex des Kulturforums, die Berliner

Philharmonie und das „KadeWe", ein etwas schräger Wort-Anachronismus mit beharrlichem Mauercharakter: auch nach der Wiedervereinigung heißt die Abkürzung „KadeWe" immer noch „Kaufhaus des Westens".

Das Kulturforum: eine phänomenale Gemälde- und Kunstgewerbeschau, die sich mit den ganz Großen der Sammlungen messen kann. Wichtig: Das Kupferstichkabinett und wechselnde Sonderausstellungen. Wer es in Seebüll (Nordfriesland) nicht zu Nolde (Emil) schafft, kann sich in Berlin vorbilden. Umgekehrt geht es auch, bedarf aber einer erheblich größeren Denkanstrengung.

Schamonis Philharmonie auf der gegenüber liegenden Straßenseite konkurriert damit unter gülden glänzendem Dach und belebt das Geschäft.

Also, nicht vergessen: die Linie Nummer 200!

Der Bus mit der einprägsamen Nummer 100 biegt vor dem Brandenburger Tor rechts ab und wird am Reichstag und den Denkmälern für die Mauertoten und ermordeten Sinti und Roma, später am sowjetischen Ehrenmal vorbei in den Westen Berlins zum Berliner Tierpark beim Bahnhof Zoo gelenkt.

Bitte merken: Bus 100!

Im Zoo Berlin-Tierpark besuche ich auf eigene Faust das Meeressäugergehege mit einer Kolonie Seebären und Robben. Sie erfreuen sich einer beschaulichen Unterbringung im Landschaftsstil Südafrikas mit Pool und Ruhezonen für das Clubleben nach den Zooöffnungszeiten. Sogar ein Kapstädtischer Tafelberg ist andeutungsweise zu erkennen.

Es ist später Vormittag. Ich bin alleine vor Ort. Nur ein einsamer Robbenwärter leistet mir in einigem Abstand Gesellschaft. Es ist bitterkalt. Ich mache mir Notizen über die Verhaltensweisen der Seebären,

Robben und benachbarten Pinguine, kann aber ohne Handschuhe nicht arbeiten.

Mit? Genauso wenig. Ich habe kein Schreibgefühl und muss mir merken, was ich sehe.

Von Ferne grüßt auf der Siegessäule die goldene Viktoria. Von da geht es auf die Zufahrt zur Heldinnen- und Heldenverehrung: die „Straße des 17. Juni".

Der 17. Juni - war da was?

Die Mauer ist weg, formschöne Fragmente werden im In- und Ausland hoch gehandelt. Ganze Mauerinstallationen sind auf manch lange Reise um die Welt gegangen, um Geschichte plastisch zu machen. Kuratoren aus dem FFKK-Bereich (Funk, Fernsehen, Kunst, Kultur) helfen dabei gerne nach. Sie sind diplomierte und/oder zertifizierte Kenner von Zäsuren rund um den Erdball.

Für Schmerzunempfindliche in Sachen Machtpolitik und ihre Folgen haben sie nicht erst seit dem Bau und Fall der Berliner Mauer den Begriff von „Mauern im Kopf" geprägt. Gemauert wird, seit Kuhdung und Pferdemist zu wertvoll und Feuerversicherungen ungeachtet Pflichtrauchmeldern schwindelerregend teuer geworden sind.

Als sich das Bild trotz aller internationalen Bemühungen abnutzt, kehrt man zur Gebräuchlichkeit einer noch bei weitem älteren internationalen Metapher zurück.

Fortan sind es die Scheren, die uns zum Hummer machen. So mancher lebt sogar extrem gut damit, merkt sie noch nicht einmal, bis der Moment der Wahrheit kommt, wenn er sich selber erkennt.

5

Wir befinden uns inzwischen im Jahr 2003, als das Manuskript zu „Schwimm! Gaston schwimm!" soweit steht, dass ich es den beteiligten Künstlern als © geschützte Arbeitskopie geben kann.

2003 - ein Jahr nach der Flut. Die Schäden in den Katastrophengebieten sind bei weitem noch nicht behoben, bekommen aber schon Konkurrenz aus anderen von Naturgewalten heimgesuchten Regionen rund um den Erdball. Die Zeit drängt. Das Bewusstsein für die besondere Verpflichtung Hamburgs Partnerstädten Dresden und Prag gegenüber muss wach gehalten werden.

Meine Überzeugung: Eine Hilfsaktion darf nicht mittendrin gestoppt werden. Das Heer der Gleichgültigen wächst ohnehin.

Ihr Argument: ob der ostafrikanische Grabenbruch ein weiteres Mal versinkt oder die Sagen umwobene Oberlausitz, wird sowieso am Runden Tisch geregelt. Die Politik ist Krisen erprobt. Die Politik ist nach geschriebenem und ungeschriebenem Gesetz immer Herr der Lage.

Die Politik im Dienste der Flut geschädigten Menschen:

von der sächsischen Landesregierung kommt ein dringender Appell an die Zivilisationen im In- und Ausland, Stadt und Land nicht aus Sorge zu meiden, man könne den Leidgeprüften bei den anhaltenden Aufräumarbeiten im Wege stehen.

„Wir schaffen den Spagat zwischen Aufbau und Gastfreundschaft!", heißt es.

Mein Mann und ich buchen als Lokaltermin einen Urlaub in Dresden, um die Abmessungen von „Schwimm! Gaston schwimm!" besser formatieren zu können.

Kurz vor Urlaubsanfang treffen wir Prof. Rauhe.

„Was macht Gaston?"

„Alles im Plan. Morgen geht es deswegen für eine Woche nach Dresden."

„Dann schaut mal in der Semperoper vorbei und grüßt Hajo Frey von mir. Er ist ein Schüler von mir."

„Da sage ich nicht ‚Nein'."

Ich bedanke mich für den Hinweis und verspreche, den Auftrag mit Vergnügen auszuführen. Wie - keine Ahnung, aber anrufen kann man ja mal. Es kommt ganz auf die Stimme des Herrn Frey an, ob ich meine, es könnte eine angenehme Begegnung werden.

„Aus Hamburg?"

Die Stimme verheißt Gutes: Ein energisch-lyrischer Tenor mit heiter-dramatischem Klang.

„Herr Prof. Rauhe lässt grüßen."

„Kommen Sie doch einfach vorbei. Melden Sie sich am Bühneneingang und fragen nach mir."

Er nennt ein Zeitfenster am Abend desselben Tages.

„Danke - bis später."

Mein Mann und ich beraten uns. Einfach im Büro des Direktors vorbeikommen, hört sich fabelhaft einfach an - die Semperoper ist aber so eine Riesennummer, dass man sich leicht verlaufen kann.

Wir verlaufen uns nicht.

„Herr Frey erwartet uns", reicht als „Sesam öffne dich".

Das Begrüßungsritual ist denkbar kurz. Der Direktor kommt schnell zur Sache:

„Für welche Vorstellungen möchten Sie Karten haben?"

„Danke, wir haben bereits welche."

Abnehmen tut er uns das nicht sofort. Er lässt sich die Opern nennen, für die wir uns entschieden haben.

„Machen Sie in Dresden etwa Urlaub?"

„So halb - ich bin gerade dabei, ein Buch über die Jahrhundertflut zu schreiben."

„Dann kommen Sie mal mit."

Er lotst uns in den Bühnenbereich und legt an einer für uns unsichtbaren roten Linie die Finger auf die Lippen.

„Pst!"

Wir hören, wie im vorderen Bühnenbereich gesungen und musiziert wird. Wo wir uns befinden, ist der Arbeitsbereich der Technik. Ich lerne, dass die Bühne ein Corpus ist, manchmal ein delicti, meistens ein erecti. „Kulissenschieber" ist kein Schimpfwort, sondern

Ausdruck von Ehrfurcht vor jemandem, der Welten immer wieder andere Gesichter verleiht.

Nach der Live Schau aus besonderem Blickwinkel kommt die Besichtigung der „Gesellschaftsräume“. Wir werden in die Kantine der Oper eingeladen, wo das Englisch Horn im Futteral bleibt und einer der vielen Opern Donnas der Altistin aus „Don Carlos“ frei Hand freundschaftlichen Rat erteilt. Für meinen Mann und mich eine fremde, fantastische Welt, die zu gedanklichen Kapriolen verleitet. Ich bin begeistert und tanke Ideen.

„Haben Sie heute Abend etwas vor?“

„Gibt es etwas, was wir nicht verpassen sollten?"

Keine Antwort.

Stattdessen überlegt der Herr Direktor Frey - pausenlos simsend -, wie er unseren Urlaub gründlich und in seinem Sinne verplanen kann.

„Dann kommen Sie doch heute Abend einfach zu einem Vortrag ins Internationale Forum für Musik und Kultur."

Wieder dieses mysteriöse „einfach".

Er steht auf.

„Wo ist dieses - äh - Forum?"

„Weißer Hirsch. Ich warte am Eingang auf Sie."

Er setzt sich wieder.

„Ich habe noch zehn Minuten Zeit."

„Am Eingang von was?"

„Am Eingang der Villa. Sind Sie mit dem Wagen da?"

„Wir nehmen ein Taxi."

„Umso besser. Sagen Sie einfach..."

Eine Villa namens Weißer Hirsch! Oder doch nicht?

Lieber: „Bitte zum Internationalen Forum für Musik und Kultur - Weißer Hirsch."

Es kommt viel schöner, aber das gehört in den vierbändigen Roman „Frühstück bei Knigge", der darauf wartet, das Licht der Welt zu erblicken.

Die Begegnung mit Hajo Frey ist der Beginn einer Freundschaft auf großer Distanz und ein Intensivkurs, um meine Neigung zur Oper in eine sich zum kreativen Anliegen auswachsende Vorliebe für Musiktheater zu wandeln. Darüber hinaus bleibt Dresden eine feste Größe in unseren zukünftigen Reiseplanungen.

Die Erfahrung aus den Gespräche in Dresden: Die Schnelllebigkeit von Sympathien für Notsituationen kann nicht durch Projekte allein gestoppt werden. Sie können aber auf lange Sicht daran mitwirken, den Blick für die Teilhabe von Kultur zum Wohl der Menschheit zu schärfen. Künstler sind auf merkwürdige Weise entrückte Realisten mit Anspruch auf meinungsbildende Präsenz.

Mit von der Partie: Professor Böhme, seinerzeit im Fachbereich Kulturmanagement Lehrbeauftragter an der Hochschule für Musik und Theater in Hamburg. Er ist mir von Prof. Rauhe genannt worden.

Wir laufen als Arbeitsteam halbwegs synchron zusammen, er immer etwas gehetzt, ich außer Atem. Wir beraten uns über Gangbarmachung von fälligen Schritten und die Überwindung von Schwierigkeiten im Zusammenhang damit per Telefon und auch im persönlichen Gespräch, erst in großen Zeitabständen, dann immer öfter.

Um etwas zustande zu bringen, was keine Eintagsfliege werden soll, deren Existenz zwar berechenbar ist, aber die Frage nach dem tieferen Sinn seit Tausenden von Jahren offen lässt, muss man auf viel gefasst sein, damit nicht Sand von anderen ins eigene Getriebe kommt.

Ein weiterer Mitstreiter der ersten Stunde: Wulf Kirschner. Er ist Bildhauer und arbeitet bei Blohm & Voss, wo er Schiffbaustahl zu Skulpturen schweißt. Wenn Kirschner nicht in der Schweißhalle des Trockendocks arbeitet, schiebt er eine Sonderschicht im Atelier, wo er einem seiner weiteren Schwerpunkte, der Philosophie, frönt. Nach eigenem Bekenntnis: alles ohne Mathematik, weswegen er sich gerade mit einer Schaffenspause bestraft und für Projekte wie meines leise ansprechbar ist. Sein zeichnerisches Vermögen ist gefordert.

Die Begeisterung hält sich bei ihm sichtbar in Grenzen. Kirschner ist zwar auch Literat, aber er gestaltet seine eigenen Bücher aus Stahl, ohne sich auf einen Inhalt festzulegen. Die Umrisse sind die Bestimmung.

Selbst nach Argumentationshilfen seitens meines Mannes, sträubt sich Wulf Kirschner, die Illustration meines Buches als ein seiner Künstlerpersönlichkeit würdiges Objekt anzuerkennen und wird von uns weiter wie der störrische

Heiratskandidat für das allerliebste Töchterlein umworben. Als er schließlich kurz vor Ablauf der Bedenkfrist einwilligt, legt er allerdings eine sich über Serpentinen hinauf und herunter schraubende Fantasie zutage, die meine bei weitem in den Schatten stellt.

Er fordert einen künstlerischen Radikalnaturalismus und spannt mich dafür als Assistentin ein. Ich versage jämmerlich. Danach zeigen die Zeichnungen mehr von seiner eigenen Handschrift. Wir schließen einen Vertrag, der es an Genauigkeit mit dem für den Erwerb eines Eigenheims aufnehmen kann. Künstlerverträge haben es in sich. Mein Mann zieht Fachliteratur zu Hilfe.

Ich ziehe später den ADAC Atlas zu Hilfe, als es darum geht, Wulf Kirschner in die geplante Tournee mit einzubeziehen. Er will den Fahrer für einige der Ensemblemitglieder geben und wird offizieller Tourneeteilnehmer.

Die Streckenführung muss mit ihm festgelegt, der Benzinverbrauch errechnet und die aktuellen Tankstellenpreise abgefragt werden. Die Kooperation verläuft reibungslos.

7

Meine Leitfäden für die Geschichte von „Schwimm! Gaston schwimm!“ rühren aus der Bibel her und aus frühen Quellen meiner Auslandsreisen.

Anfang der siebziger Jahre bekomme ich von tschechischen Freuden in Prag verschiedene Bücher geschenkt, die mir ersten Einblick in tschechische Literatur geben.

Ganz oben: Karel Čapeks „Der Krieg mit den Molchen“. Das international gerühmte Meisterwerk ist mit pazifistischer Systemkritik gespickt.

Sein Inhalt: ein sarkastisch ironischer Dialog zwischen

Menschheit und Schöpfung. „Der Krieg mit den Molchen“ ist ein dezidiertes Antikriegswerk.

Die Molche gebrauchen als Kommunikationseinstieg mit ihren menschlichen Widerparts die tschechische Sprache und argumentieren in deutscher Übersetzung weiter.

Ich stoße zum ersten Mal auf komplette Sätze in Schrifttschechisch und übernehme ein paar Redewendungen. Ihr Copyright liegt im Enzyklopädischen der übereinstimmenden Allgemeingültigkeit kultivierter Zivilgesellschaften. Wenn ich später bei Lesungen und

Moderationen dieses Mini-Basistschechisch auch nur annähernd korrekt über die Lippen bringen kann, wird es einem Brückenschlag zwischen den Völkern gut tun, meine ich.

Tschechisch wird in der Regel auf der ersten Silbe betont, habe ich bei Tschechen in Erfahrung gebracht, was beim näheren Hinhören nicht ganz stimmen kann. Wie wäre sonst Smetanas „Moldau" ins gefällige Fließen gekommen?

Ich konsultiere Frank Böhme. Der ist gedanklich bereits mit der Kompositionsarbeit befasst. Würde ich ihm jetzt als musikalische Untermalung einen

Jodler vorschlagen, um das gefällige Fließen der Moldau anzudeuten, wäre er wahrscheinlich noch weniger amüsiert als er sich sowieso durch unseren Festnetzanschluss vernehmen lässt. Er verweist etwas mehr als unlustig auf eine zukünftige Regiearbeit.

„Smetana und gefälliges Fließen - Pillepalle."

„Was heißt hier ‚Pillepalle' - stell Dir das auf Tschechisch vor! Bist Du überhaupt noch in der Leitung?"

„Hm."

Aha - er denkt!

Einer der weiteren Höhe- wie auch Dreh- und Angelpunkte des

Brainstormings mit Frank Böhme ist die Frage der Instrumentierung.

Gesang ist nicht vorgesehen.

Seine Vorstellung klingt für mich ernüchternd puritanisch:

„So viel, wie nötig und so wenig, wie möglich."

Eine Klarinette halten wir wegen der Skala von Gefühlsdarstellungen für unverzichtbar. Frank Böhmes musikalische Vorstellung von instrumentaler Geschichts- und Geschichtenschreibung ist die Harfe. Für die Dramaturgie: das Marimbaphon. Ich maule.

„Das Marimbaphon bleibt. Was wäre Dir denn sonst noch am liebsten?"

„Das Triangel."

Schweigen, von dem schwer auszumachen ist, ob es finster oder nur erstaunt ist. Dann nicht unfreundlich, aber höchst neugierig?

„Weshalb?"

„Es ist die ewige Minderheit."

„Gut, Du bekommst Dein Triangel."

Die wichtigste Regel: Ich lasse ihm freie Hand bei der Komposition. Mir bleibt nichts anderes übrig, als es zur Kenntnis zu nehmen. Frohsinn bricht darüber nicht aus. Ein Rest von Selbsterhaltungstrieb meldet sich bei mir:

„Ich würde mich gerne selber einbringen."

„Da kann ich spontan noch nichts zu sagen."

Wenn Berliner nüchterne Antworten geben, klingt es beinahe zum Fürchten. Regie führt er jedenfalls wirklich nicht. Sagt er wenigstens. Das ist erstaunlich, aber entspricht - ganz spontan - den temporären Gegebenheiten.

Wir tauschen Meinungen aus, vergleichen sie, schreiben beides um. Er denkt in Tönen, ich in Farben. Das Resultat ist versöhnlich. Das Vertrauen wächst mit jedem Gespräch.

Ab diesem Stadium ist die Kommunikation der Beginn einer freundschaftlichen Zusammenarbeit, die ich mir nicht besser wünschen kann.

Was müssen wir noch beachten?

Bleibt das indonesische, chinesische, japanische, türkische und auch osteuropäische Schattentheater unter Einbeziehung des gesamten zentralasiatischen Kulturraums.

Die jeweiligen Eigenheiten werden immer wieder unter künstlerischen und technischen Aspekten hin- und hergewendet, soweit ich dazu in der

Lage bin, ohne entsprechende Fachliteratur gewälzt zu haben und nicht nur darauf angewiesen bin, Frank Böhme referieren zu lassen.

Ein besonderes Problem: Ich entscheide mich relativ schnell. Der Musikforscher im Komponisten bringt alles bis zur Entscheidungsreife und fängt dann noch einmal von vorne an.

„Es gibt einen Knackpunkt."

„Wo?"

„Hast Du nicht gemerkt, dass die indonesischen Figuren lange Nasen haben? Lange Nasen sind unmöglich! Gaston ist ein S e e bär!"

„Theoretisch könnte er aber auch…"

„Das klingt nicht. Dann muss das Marimbaphon raus. Das Marimbaphon ist nichts für lange Nasen und das Marimbaphon bleibt."

„Gut - also?"

„Ich gucke mal weiter, was es sonst noch so an Schattenspielen gibt."

Ihm schwebt eine Melange aus Volkstheater und seinen Vertonungen im Zusammenspiel mit klassischen Epen der Moderne vor. Ich kann mich damit befreunden, obwohl es von mir nicht direkt verlangt wird.

Seine Frage an mich:

„Richtet sich das Schattenspiel nach der Musik oder umgekehrt."

„Weder noch. Schattenspiel, Musik, Text und Illustration müssen ein in sich geschlossenes Ganzes mit Möglichkeit zur Entfaltung weiterer Fantasien bilden."

„Gut. Dann gucke ich mal, was ich dazu finde."

Er zitiert eine Anzahl von Büchern, die sich genau mit diesem Thema befassen: dem in sich geschlossenen Ganzen.

„Die Möglichkeit zur Entfaltung weiterer Fantasie fehlt."

Mein kleiner Einwand wird von ihm weggehört.

Mir schwant, er frisst sich erst mal durch die gesamte verfügbare Primär- und Sekundärliteratur, was meiner Einschätzung nach mindestens ein Jahr dauern wird.

Ich liege falsch.

Er schaufelt das Wissen in einer Geschwindigkeit in sich hinein und speichert es in seinem Gedächtnis ab.

Ich selber schaufele nicht, ich kaue bis zum Tezett auf den einzelnen Fragestellungen herum. Dann gebe ich sie weiter und Frank Böhme eilt wieder, Antworten zu finden.

Die einzige Möglichkeit, allmählich konkrete Schritte eingeleitet zu bekommen, ist ein Stillhalteabkommen meinerseits, um nicht neue Nahrung für Forschungseifer anzurühren. Das funktioniert tatsächlich einigermaßen.

„Kannst Du Tonträger mit Volksmusik aus Böhmen, Mähren und der Slowakei besorgen?"

Ich sage zu.

Es dauert nicht lange, dann habe ich über makedonische Hilfe so viele CDs zum Einhören beschafft, dass selbst Frank Böhme staunt.

8

Ende 2003 kumulieren die Vorbereitungen in einem Symposium, das den Durchbruch bringen soll. Wir brauchen Veranstalter und auch Sponsoren. Von Prof. Rauhe kommt auf dem „kurzen Dienstweg“ ein Fingerzeig. Er ist kurz vor Weihnachten zur traditionellen Musikwoche in Timmendorfer Strand an der Schleswig-Holsteinischen Ostseeküste. Genau das Richtige für Gaston. Seine Musikalität ist besonders in Wassernähe über jeden Zweifel erhaben. Er kann heiser bellen, schreien und pfeifen wie ein fliegender Seebärenbulle in der Paarungszeit.

Bei einem Beach Volley Ball Turnier für Junioren würde er den hoch dotierten ersten Platz mit einer Wild Card gewinnen. Die Rückrundenspiele zuvor hat er im eigenen Interesse ausgespart.

Die Timmendorfer Musikwoche ist mit Gastons Situation vergleichbar. Sie bietet für ambitionierte Jungstars der Examenssemester mehrerer Musikhochschule Norddeutschlands mannigfache Gelegenheit, einflussreichen Persönlichkeiten der Musikszene zu begegnen, die man immer schon mal sprechen wollte, wenn man weiterkommen will. Sie können Wohl taten vergeben, die sich in kompliziertesten Konstrukten verbergen und selbst mit Autopiloten für die entsprechenden Suchmaschinen schwer auffindbar sind.

Ich - Oldie und ambitioniert - will und muss, um für Gaston Schwimmlehrer aufzutun.

Zum Beratungsgespräch eingeladen sind:

Prof. Dr. Hermann Rauhe und seine Frau, die Musikpädagogin und Flötistin Annemarie Rauhe, Prof. Thomas Thomaschke und seine Frau, die Kunsthistorikerin Dr. Ivana Thomaschke-Vondráková, Professor Frank Böhme, Dr. Christian Kuhnt, stellvertretender Intendant des Schleswig-Holstein Musik Festivals und dessen damaliger Verwaltungschef Professor Dr. Gereon Röckrath.

Die Reaktion auf den Erfolg, so einen illustren Kreis in relativ kurzer Zeit zusammengetrommelt zu haben, ist ernüchternd.

Hindernis Nummer eins für mehr: eklatanter Zeitmangel. Das eigentliche Programm für die Festivals steht schon. Die Mittel sind bereits eingeworben und aufgeteilt.

Wenn es mit dem angedachten Projekt „Schwimm! Gaston schwimm!" in 2004 noch etwas werden soll, müssten alle Unterlagen eigentlich schon vorgestern eingereicht worden sein. Dem Projekt zuliebe wird die Frist verlängert. Zur Entfaltung für Kreativität ist die gewonnene Zeit dennoch viel zu kurz.

Frank Böhme rettet. Er kennt keine Feiertage. Er trotzt dem Diktat des vorgegebenen Datums und nimmt es auf seine Kappe, dass wir pünktlich liefern.

Gleich Anfang des neuen Jahres 2004 hat die Komposition bereits Gestalt angenommen.

„Hör mal."

Durch das Telefon klingt ein plätschernder, perlender Klarinettenton. Oder ist es Marimbaphon?

„Wie findest Du die Harfe?"

„Toll - ich hätte nicht gedacht..."

„Warte mal..."

Ich gucke meinen Festnetzhörer an. Der Fernmeldetechniker war neulich da.

„Na? - Was ist das?"

„Mein Telefon."

„Dein Triangel!"

„Gut, dass Du es mir sagst!" Ich höre und denke mich in die schöne Bildhaftigkeit von Frank Böhmes Komposition ein.

Hier und da riskiere ich Vorschläge für Änderungen und finde ein offenes Ohr.

Die Melodien verdichten sich, wachsen zu einer musikalischen Erzählung zusammen. Am Ende des Reigens hat Frank Böhme in Übereinstimmung mit dem letzten Satz auf der letzten Seite des Buches eine dramatische Stille verordnet. Der Taktgeber muss genau mitzählen, um nicht zu überziehen.

„Und über ihm wacht ein makelloser Himmel",

heißt es in meiner Geschichte. Es soll zu einer Entscheidung über Gastons Schicksal zwischen dem Diesseits und dem Jenseits kommen.

Musiker für die anspruchsvolle Rhetorik unseres Projekts zu rekrutieren, ist selbst für jemanden wie Frank Böhme, der Tag für Tag an der organisiert wuseligen Musikhochschulfront kämpft, keine leichte Übung. Besonders erschwerend ist gerade jetzt, dass an deutschen Musikhochschulen die Zeichen für externe Verpflichtungen von Studierenden wegen Vorprüfungen, Prüfungen und Abschlüssen auf Rot stehen. Wer nicht davon betroffen ist, hat bereits Semesterferien. Von einer langen Liste möglicher Kandidaten, bleiben schließlich drei, die in Frage kommen und zusagen.

Die Instrumente zu den Musikern werden von der Hochschule zur Verfügung gestellt. Das ist ein nicht zu unterschätzender Kapitaleinsatz, der nach Dividende durch Sorgfalt und Erfolg verlangt. Die Versicherungssumme ist hoch.

Unsere Harfenistin heißt Jana und ist Russin. Sie hat bereits ein Examen in Moskau abgelegt und will sich an der Hochschule für Musik und Theater in Hamburg noch weiterbilden. Sie ist schön und die Leiseste.

Jaroslav ist Kiewer und Schlagzeuger. Er hat an der Hochschule das Studienfach

„Jazz“ belegt, profiliert sich als Marimbaphonist, spielt aushilfsweise in Clubs und ist der Lauteste.

Unsere Klarinettistin heißt Johanna. Sie ist eine echte Hamburger Deern, Aspirantin der Examensklasse an der Hochschule für Musik und Theater in Hamburg und die unglücklich Vergesslichste. Nach Proben zu „Schwimm! Gaston schwimm!“ lässt sie das wertvolle Instrument in der S-Bahn liegen. Sie trägt den Verlust tapfer bis heroisch, während die in Frage kommenden Versicherungsträger über den Modus des Instrumentenschwundes beraten.

Johanna ist die einzige, die zum besseren musikalischen Verständnis für ihren Vortrag den Hintergrund der Gaston-Fabel genau erklärt haben möchte und liefert danach bei jedem Auftritt eine besonders stimmige Leistung ab.

„Gottes Lohn" liegt für die Studis nicht drin. Alle Künstler müssen Geld verdienen, Nachwuchskünstler erst recht.

Dasselbe gilt für Puppenspieler mit Schattenspielerfahrung, eine Anforderung, die in unserer Republik nicht dicht gesät ist. Von den wenigen werden weniger als eine Handvoll hohen Ansprüchen gerecht.

Frank Böhme hält wegen einer adäquaten Geldquelle Kontakt zu Prof. Rauhe.

„Das Theaterskript kann ich selber schreiben."

„Geht nicht."

„Warum?"

„Dann gibt's Gerede."

„Aber wenn Bill Clinton in einem Prager Kellerlokal Saxophon spielt, wird gejubelt."

„Der ist Amerikaner."

Dem ist nicht viel hinzuzufügen oder entgegenzusetzen. Das Skript muss also jemand anderes fertigen. Das kostet. Sparen müssen wir, aber immer gerade nicht da, wo ich meine, Kapazität entdeckt zu haben.

Die Sprecherin zu machen, lehne ich ab.

„Du hast doch vorher..."

Ich habe mich zu meinem ersten Buch selber moderiert, je nach Hörerkreis von Lesung zu Lesung ein Vortragsmanuskript neu konzipiert und mich in Diskussionen engagiert. Es ging um die Verteidigung meiner Meinungen zu politischen Vorgängen am lebenden Beispiel von Weltrang.

„Schwimm! Gaston schwimm!" ist ein Gedankengebäude von anschaulicher Architektur, die aus dem nordfriesischen Neu-Neuschwanstein bei Rantum und einer glockenspielenden Turmuhr mit Drehbühne bei Klanxbüll entstand. Ich habe es nach expressionistischem Vorbild modelliert, das seinen Ursprung in Botticellis Venusmuschel hat. Wir brauchen präzise dafür nicht eine, sondern d i e Stimme: glockig expressionistisch, muschelig, aber dennoch neuneu, ohne zu glitzern. Auf attributfreies Schwanstein kann unter Umständen verzichtet werden, wenn alles andere konveniert.

Unsere neu gekürte Regisseurin, eine Spezialistin für Puppentheater, leiht uns das

Timbre ihres Stimmwunders: es ist Therese Thomaschke aus Magdeburg. Sie nimmt das Engagement nicht spontan an, sondern stellt Bedingungen, von denen eine besonders kniffelig ist: sie wünscht einen Willi an ihrer Seite. Ich bin gegen amouröse Begleiterscheinungen. Mein Mann fragt nach der Budgetierung. Wir sollen uns nicht so haben.

„Der kostet weniger als die Künstler."

„Das heißt?"

„Je nach dem - da muss man drüber sprechen. Er kann ja auch für die anderen da sein."

Das hört sich für mich erst recht gefährlich an.

„*Nein*", sagt Frank Böhme. „*Kommt nicht in Frage. Wir brauchen keinen Willi.*"

„Ohne einen Willi kann ich nicht…"

Therese Thomaschke kämpft wie Cenerentola um ihren rechtmäßig angestammten Platz in palastähnlichen Gemächern statt in der Küche.

Ich meine inzwischen herausgehört zu haben, dass Willi wohl ein Theaterfaktotum ist.

„Wer oder was ist denn dieser ominöse Willi nun wirklich…?"

„…Mädchen für alles - Bodengänge jäder Art. Eine stähende Einrichtung am Theater."

Therese Thomaschke verfällt vor Aufregung in sächsische Sprachmelodik.

Ich schlage mich auf Frank Böhmes Seite. Wir brauchen wirklich keinen Willi. Der Überzeugung ist auch mein Mann. Die Musiker gucken Löcher in die Luft.

Dann müssen wir uns wohl von Therese Thomaschkes Timbre verabschieden…

Müssen wir nicht. Sie gibt nach und stößt - nunmehr verbindlich engagiert - aus Magdeburg zu uns.

Die anhaltinische Hauptstadt muss man gesehen haben, zumindest den Dom und seinen Schatz. Auf jeden Fall aber das Puppentheater.

Der Zuschauerraum des Magdeburger Puppentheaters ist keineswegs maßstabsungerecht verkleinert, sondern nimmt sich in aller Größe selber ernst. Die sensationellen Inszenierungen zeigen das Anliegen der Könner: Puppen und ihre (Be)Spieler sind Sprecher von Menschen und ihren Dramen, manchmal als Lamm, manchmal als Kotelett.

Therese Thomaschke hat ausgezeichnete Ohren für Frank Böhmes Musik und führt das Skript eng an meinem Originaltext. Ihre Deklamationskunst gilt als mitfühlend und begleitend, ist allerdings Welten von meiner eigenen Sprechweise entfernt. Ich akzeptiere das. Ich b i n der Text, sie trägt ihn auf der Zunge.

Therese Thomaschke arbeitet häufiger mit der Puppenspieler Familie Wagner in Berlin-Spandau zusammen, die in ihrer Zunft ganz oben agiert.

Ein Gongschlag der Geschichte: Das private Puppentheater der Familie Wagner heißt nicht nur „Zitadelle", es befindet sich tatsächlich innerhalb der gewaltigen Festungsmauern von Spandau. Die Wagners sind von

Frank Böhme auf Empfehlung der (Ostberliner) Hochschule für Schauspielkunst „Ernst Busch" in Berlin kontaktiert worden. Mutter, Vater und Sohn sind Absolventen der Hochschule. Frank Böhme sagt *„Busch-Schule"*, was für ihn als Berliner ein Selbstgänger ist. Ich denke an das Zirkusunternehmen gleichen Namens.

Das Missverständnis führt zu herzlich komischen Assoziationen. Antwort und Gegenantwort entwickeln sich zur Burleske. Dann dämmert es Frank Böhme. Er klärt auf.

„Aa -aha."

Seine Aufklärung hat bei mir mehr Fragezeichen aufgerufen als die vorangegangene Bereinigung meiner theaterspezifischen Ignoranz. Simplifiziezierung eines markenzeichentauglichen Namens ist eben nicht überall angebracht. Einerseits.

Andererseits: wer eine Hochschule für Schauspielkunst mit der Hohen Schule der circensischen Kunst verwechselt, darf sich ruhig mal im Geheimen nicht zu knapp schämen, aber nicht obendrauf auch noch in Grund und Boden. Dafür ist der zu schade.

„Learning by doing" wird mich weiter bringen, davon bin ich

nicht erst seit gestern überzeugt. „Versuch macht klug" ist etwas anderes. Darauf möchte ich es nicht wirklich ankommen lassen.

Ich lade die Schauspielerfamilie, Therese Thomaschke und Frank Böhme zum Grundsatzgespräch über das Projekt nach Berlin ein.

Das Leitthema: Dramaturgie und Ausgestaltung des Schattenspiels. Nebenbei Persönliches und Privates zum Aufwärmen. Dazu scharfes Fingerfood und von den drei Wagners eine Kostprobe ihres Könnens: sie lassen die komischsten Puppen tanzen - rein platonisch.

„Gaston wird von einer „Libelle“ der fliegenden Ärzte an Bord genommen und in die Tiercharité gebracht, wo ihn ein ganzer Stab Notfallmediziner erwartet. Alle Kubaner. Er wird operiert und wacht als dänische Zwergdogge wieder auf.“

„Nein.“

Wenn schon, dann mein Jodler, aber den halte ich geheim.

„Warum nicht?“

„Schwer zu sagen.“

Eigentlich haben die Wagners Recht. „Der Fall ‚Gaston‘“ ist noch gar nicht auf juristische

Haarrisse hin untersucht worden. Therese Thomaschke macht sich eifrig Notizen.

„Wir probieren mal, wie es wäre, wenn Gaston...“

Die Stimmung steigt. Es kommt zu kurzen Demonstrationen der Theaterkunst. Mein Mann und Frank Böhme halten Wacht, dass alles heil bleibt.

Das gute Gefühl: Es wird!

Ich nehme später an den Proben im Theater „Zitadelle“ teil und sehe zum ersten Mal, wo einer der Reichsverweser des angeblich tausendjährigen Reiches, das sich in den Jahren von 1933 bis 1945 selber weg-schaltete und -waltete, als Staatsfeind eingesessen hat.

Die Alliierten honorierten seine eigenmächtige, einer Flucht nicht unähnlichen Friedensbemühung mit England. Sie sahen davon ab, ihn zum Tode zu verurteilen. Zufrieden war er dennoch nicht.

Er wurde krank und verbrachte viel Zeit in einem eigenen Gefängnishospital. Mithäftlinge gab es nicht. Das hielt er, unterstützt von regelmäßigen Gnadengesuchen, bis zu seinem Tode durch. Gedenkaufmärsche gibt es immer noch. Ein Puppentheater wirkt dagegen wie David gegen Goliath.

Genau das wollen wir. Das ist Gastons Lebenslauf von der Wiege bis zum Flussbett.

Die Wagners haben nicht nur ein Händchen für Besonderes, sondern auch Köpfchen.

Ihre Inszenierung ist intelligente, ostgeschulte Bühnenarbeit, die bei „Schwimm! Gaston schwimm!" allerdings in eine andere Richtung geht, als ich es mir - westdeutsche Bühnenlaiin, die ich bin - vorgestellt habe. Innerlich koche ich. Äußerlich lasse ich mir so wenig wie möglich anmerken. Hoffe ich. Wer mich kennt, könnte mir auf den Kopf zusagen, wie es in mir aussieht.

Ich will kein Kinderstück, keine Alibiveranstaltung für zerstörte Soziostrukturen, die noch keine Heilung erfahren haben.

Selbst Frank Böhmes Musik klingt plötzlich ganz anders. Wie ist das möglich.

Alles Autosuggestion?

Ich versuche mich selber zu beruhigen, schaufele Süßigkeiten in mich hinein und trinke Cola light, während in kleinen Schalen tobende, schlammige Wassermassen simuliert werden. Mit einer Pipette und Farben verpasst ihnen Wagner sen. - Muranoglas oder Papier aus

Florenz nicht unähnlich - tintige Schlieren.

Dann:

Der Effekt einer verwirbelten, dreckigen Brühe entsteht und wird vielfach vergrößert auf drei, nebeneinander stehende Leinwandflächen projiziert.

Die optische Täuschung der Handlungsabläufe durch Pseudo- oder wirkliche Bewegungen über beinahe physisch spürbare Klippen und subjektiv gefühlten Geschwindigkeitsverzerrungen hinweg ist faszinierend. Jede einzelne der drei Leinwände wird von einem der Wagners bespielt. Die Koordination ist minutiös.

Für Gaston als retardierendes Moment auf dem Höhepunkt seines Kampfes mit der Flut kreiert: ein Hindernis vom Umfang eines Mammutbaums im Strom. In Wahrheit ist es ein trockenes Zweiglein.

Es ist der Augenblick des entscheidenden Satzes, bevor die Dramaturgie meiner Geschichte die vorläufige Lösung der Probleme einläutet.

Stille auf der Bühne.

Die Musik setzt aus.

Auf den Leinwänden entwickeln sich Farbimaginationen.

Ich bin versöhnt mit dem Resultat der künstlerischen Arbeit der Wagners. Fehlt nur noch der Text von Therese Thomaschke. Ich bin gespannt, wie sie sich in das Geheimnis der Puppenspielerarbeit einfügt. Deren Arbeit bleibt während der Vorstellung in einem schemenhaften Dunkel.

Die Bühne ist in Schwarz gehüllt, die Spieler tragen von Kopf bis Fuß Schwarz, der Tisch, an dem sie die Wunder der Theaterwelt vollbringen, ist schwarz verhängt.

Und Therese Thomaschke?

Sie ist in den warmen, weichen Schein einer Leselampe eingetaucht, hat sich sorgfältig geschminkt und trägt ein- schlichtes, schwarzes Abendkleid aus Samt.

Die Gesamtwirkung:

„Schwimm! Gaston schwimm!“ ist kein Märchen, die Rezitatorin keine gute oder böse Fee, sondern die einer Nachrichtensprecherin: Beherrschtheit bis zur Emotionslosigkeit herunter gepegelt.

Ich selber hätte mir mehr Impulsivität gewünscht.

Dennoch:

Kunst ist da, wo sie entsteht.

Ich lasse Therese Thomaschkes Interpretation unbeanstandet, selbst als sie sich mit schneidender Kälte gegen meinen Glauben an Ewigkeiten stellt und über die Rettungsbemühungen von Gastons Leben befindet:

„Aber er schaffte es nicht.

Das habe ich nirgendwo in meinem Buch auch nur annähernd so vernichtend negativ formuliert. Ich bin schockiert. Mein Adrenalinausstoß ist beträchtlich. Ich muss das alles erst mal für mich allein verarbeiten. Deshalb: bitte (Bühnen) Vorhang!

Morgen sehen wir weiter.

9

Die Tournee beginnt ungefähr ein Jahr, nachdem die Präsentation des Buches über die Bühne gegangen ist.

Die Bühne: der Lesesaal des Warburg-Hauses. Es ist die Rumpfbibliothek von Abi Warburg, intellektueller Sprössling und Schöngeist aus der Bankier Dynastie Warburg.

Ein ansehnliches Konvolut an Büchern ist Jahre nach dem Krieg aus ihrem Exil in England hierher gebracht worden und wird, wie vom Gründer selber, als Basis für akademische

Erforschung von soziokulturell-philosophischen Hintergründen genutzt, die auf Abläufe von internationaler Bedeutung angewendet werden.

Weiter werden im Warburg-Haus Lesungen, Vorlesungen, Vorträge und Symposien im Sinne Abi Warburgs abgehalten, die intellektuelle und kulturelle Verbindungen aufspüren und Anlass bieten können, ausgelegte Fäden aufzunehmen und weiter zu spinnen.

Geschlossene Veranstaltungen außerhalb des Universitätsbetriebes, zu dem das Warburg-Haus inzwischen gehört, sind willkommen, wenn sie das Kriterium der freundschaftlichen Annäherung an Kulturen aller Völker und Ethnien erfüllen. Mein Buch „Schwimm! Gaston schwimm!" tut es.

Eine der wichtigsten Fragen: Wer hält die Einführungsansprache?

Der mich gut kennt.

Prof. Rauhe ist einer der ganz wenigen, von denen ich das sagen kann. Ich bitte ihn um seine Bereitschaft, die einleitenden Worte zu sprechen.

„Lass mal sehen - unter Vorbehalten. Mein Terminkalender ist - warte mal, ich kann da etwas umlegen. Ja, ich mache

das. Schick mir mal ein paar Daten über Dich und das Buch."

Ich schicke ihm ein Vorabexemplar und ein paar Daten. Geboren, verheiratet. Was noch?

So sehr ich mich über seine Bereitschaft freue, ein wenig mulmig ist mir dennoch. Seine überraschenden Pointen sind berühmt. Er hat sogar schon versucht, den Ersten Bürgermeister Hamburgs zu überreden, mit ihm zusammen ein Ständchen zum Besten zu geben.

Ort des Geschehens: der große Saal der Laeiszhalle.

Anlass: die Überreichung der Biermann-Ratjen-Medaille an

Prof. Rauhe durch den Ersten Bürgermeister.

„So eine Überraschung! Damit habe ich nicht gerechnet!"

Alle lachen. Keiner scheint je damit zu rechnen, den Nobel-Preis, eine Verdienst-Medaille oder eine Urkunde zu bekommen. Dabei ist das Geheimnis darum wie bei einem Weihnachtsgeschenk, das auf der Wunschliste steht, die peu-à-peu abgearbeitet wird. Einziges command: weder der Schenker noch der oder die Beschenkte darf darüber etwas vorzeitig verlautbaren lassen. Wie bei der Teilnahme an einem Projekt von einer Tragweite wie „Schwimm! Gaston schwimm!" ist die sittliche Reife Voraussetzung für die Würdigkeit, in das Geheimnis einer Ehrung eingeweiht zu werden.

Prof. Rauhe hat sich mit der ihm eigenen (Selbst)ironie daran gehalten. Der Erste Bürgermeister reagiert leicht verdutzt, aber entspannt. Er antwortet etwas, das dem Sinne nach so vieldeutig ist wie:

„Was kann ich noch für Sie tun?"

„Wir singen jetzt ein Lied zusammen."

„Ich kann nicht singen."

„Jeder kann singen!"

Ich ahne, woraus es hinaus läuft. Prof. Dr. Hermann Rauhe reitet sein Steckenpferd. So schnell gibt er nicht auf.

So schnell gibt auch der Erste Bürgermeister nicht auf. Die Partie endet 1:0 für ihn. Dafür hat er keine Biermann-Ratjen-Medaille. Die gibt es für Bürger der Stadt mit ganz viel Kultur und die hat Prof Rauhe auf seiner Seite.

Was ist, wenn die Gesangsstunde bei meiner Präsentation nachgeholt wird? Eine Stimmgabel hat er immer bei sich.

Mein Verleger trägt zur Entspannung bei. Jürgen Klimke, MdB und Vorsitzender wichtiger

Gremien in Berlin, zu denen auch der Arbeitskreis zur Förderung der Elbregion gehört, bekommt mich gleich am Eingang zu fassen:

„Ihre Schuhe - rattenscharf!"

Mit so starken Primärwaffen gerüstet, kann beinahe nichts mehr schiefgehen, zumal sein Sekretariat in Zusammenarbeit mit mir 1A-Arbeit geleistet hat.

Politprominenz der großen demokratischen Parteien ist ebenso anwesend wie Repräsentanten von Kunst, Kultur und Wirtschaft. Dazu: Freunde und Bekannte von mir. Es wird bereits fleißig genetzwerkt.

Dann kommt Prof. Rauhes Auftritt. Es ist keine Einführung, es ist eine Festrede.

Eine Novität: meine Veranstaltung bleibt ohne die obligatorische Aufforderung, ein Lied anzustimmen.

Die Überraschungpointe der Novität: genau das sagt der eloquente Musikpädagoge.

Gelächter.

10

Die Idee von Prof. Thomaschke: Gaston wird dorthin zurückgebracht, wo sein Abenteuer wider Willen begann.

Das Schattenspiel mit Musik wird vom Deutsch-Tschechischen Zukunftsfonds gefördert. Prag wäre als Tourneeauftakt schön gewesen. 2003 wird die Anfrage dem Intendanten des Festivals Mitte Europa abschlägig beschieden.

Das Argument: mein Buch ist in deutscher Sprache geschrieben und Gaston ist ein tschechischer Seebär. Seine ihm von mir angedichteten menschlichen

Qualitäten werden ihm entzogen. La Fontaines Fabeltiere tragen seitdem Trauer.

Ich kann mich des Eindrucks nicht erwehren, dass es sich um politischen Willen handelt. Was Prag nicht will, will offenbar auch der Rest von Tschechien nicht.

Ustí nad labem, der Grenzübergang zwischen Deutschland und Tschechien, verstärkt eben diesen Eindruck, dass die Politik da dicht macht, wo wir mit der „tierisch menschlichen Geschichte" - so der Untertitel meines Buches - öffnen wollen. 2004 ist die Haltung im ehemaligen Aussig unverändert hartleibig.

Die Senatskanzlei, Abteilung Städtepartnerschaften, setzt auf friedliche Abhilfe. Sie bezahlt für eine weitere Aufführung im Rahmen des Festivals Mitte Europa eine Übersetzung ins Tschechische. Man denkt aus Erfahrung zukunftsbezogen. Mein Mann ebenso. Er hat sich Urlaub genommen und steht mir und der ganzen Truppe mit Rat und Tat zur Seite.

Sein Wort gilt, selbst bei Frank Böhme und Wulf Kirschner. Damit ist von vorne herein eine Konfliktbegrenzung gegeben, wenn sich ein Kollateralschaden abzuzeichnen droht, was nicht in Gänze ausgeschlossen werden kann, wenn

- ohne Willi - elf, meistenteils sich fremde Menschen über einen längeren Zeitraum diszipliniert miteinander umgehen müssen, damit das gemeinsame Ziel erreicht werden kann.

Das Ziel heißt für alle: eine erfolgreiche Tournee. Ihr Beginn: die Generalprobe im Theater „Zitadelle" in Berlin-Spandau. Unsere „Zitadelle": eine Art Landschulheim mit opulentem Frühstück statt althergekommenem Haferbrei, Essen à la carte und Barbetrieb. Die Wagners haben uns die Unterkunft empfohlen. Alles gut und günstig, dazu in einem herrlichen, naturbelassenen Park gelegen, so dass sich eine gewisse Trägkeit breit macht, sich in die grauen Mauern der nahe gelegenen Garnisonsfestung zu begeben, um sich dort im Puppentheater künstlerisch zusammen zu raufen.

Das lässt sich gut an. Die Fäden hält Frank Böhme in der Hand. Ihm ist es zu verdanken, dass zwischen den beteiligten Künstlern keine Grabenkämpfe ausbrechen. Ganz im Gegenteil, er bringt es fertig, dass alle hoch motiviert und guten Mutes sind, die Tournee mit Bravour absolvieren zu können.

Um den Weg dahin zu erleichtern, habe ich mich zuvor um eine Harfe vor Ort bemüht. Das Risiko, dem teuren Leih-Instrument der Hochschule für Musik und Theater könnte Leid widerfahren, ist mir auf der Distanz Hamburg-Berlin-Pirna-Dresden-Hamburg zu hoch. Allein die Pausen an den Autobahnraststätten! Irgendwann werden sie fällig - und dann?

Vielleicht bekommen wir aus Dresden für die Auftritte in Sachsen eine Harfe geliehen. Ich telefoniere mit der Marketingleiterin, die sich für mich schlau macht. Eine Bühnenharfe können wir haben.

Alle anderen Harfen sind unterwegs. Die Sächsische Staatskapelle ist mit ihnen auf Tournee. Pech für uns.

Eine Bühnenharfe! Ein gutes Stück Bühne, aber in erster Linie für Berufene wie König David tauglich, wenn er auf Inspektionsreise durch die Musiktempel geht. Bevor er den ersten Akkord anstimmt, ist das Instrument von Vorstimmer und Stimmer in Höchstform gebracht worden, weswegen der König nie unangemeldet auftaucht. Sein Terminkalender ist über Millennien im Voraus mit der Staatskapelle in Einklang gebracht worden.

Ob Jana eine Bühnenharfe…?

Jana schüttelt den Kopf, nachdem Frank Böhme schon seinen Kopf geschüttelt hat.

Also dann: statt Prag Pirna mit Hamburger Hochschulharfe. Pirna war stark flutgeschädigt. Die barocke Innenstadt ist jedoch schon wieder halbwegs schmuck, was nicht so recht zur Geltung kommt. Das Wetter ist trüb. Der Empfang für unsere kleine Truppe am Ort des Geschehens, dem Deutsch-Tschechischen Gymnasium, das unter der Schirmherrschaft der Präsidenten Deutschlands und Tschechiens steht, fällt frostig aus. Keiner der „dienstbaren Geister" rührt eine Hand für uns.

Der Pedell dreht lediglich eine Imponierrunde, der „Subpedell“ taucht mal hier, mal da auf und beäugt neugierig unsere Anstrengungen, die Logistik des Aufbaus in Gang zu bekommen wie jemand, der kann, wenn er nur wollte. An ihn eine Frage zu richten, ist genauso sinnlos wie der Versuch, Christo darum zu bitten, die gesamte Vergangenheit in Plastikplanen zu hüllen. Christo war nicht in Pirna.

Wulf Kirschner und Jaroslav hieven die empfindliche Konzertharfe über zwei steile Holztreppen in die Aula.

Prof. Thomaschke und seine Mitarbeiter sind derweil schon

damit beschäftigt, die Bühne für uns bespielbar zu machen und dem Zuschauerraum eine festivalwürdige Note zu verleihen. Musiker und Spieler richten sich so gut wie möglich ein. Es hapert lange an der Technik, aber schließlich wird auch das Problem gelöst.

Abends wird alles besser. „Schwimm! Gaston schwimm!" ist unser gemeinsames Anliegen. Wir spielen, musizieren und sprechen aus Überzeugung. Die Aula ist gut gefüllt.

Der humanistische Zweig des Gymnasiums ist durch den Oberstudiendirektor vertreten. Er macht aus seiner Zustimmung zu meiner Tierfabel keinen Hehl.

Eine mutige Haltung unter den gegebenen Umständen, die wir seit ein paar Stunden in Pirna ausloten.

Tschechien ist durch seinen ranghöchsten Diplomaten in Sachsen, den Generalkonsul mit Gattin, vertreten. Er hat eine zahlenmäßig nicht sehr große, aber lebhaft anteilnehmende Interessenvertretung tschechischer Landsleute animieren können, unserem Deutsch-Tschechischen Kulturexperiment beizuwohnen.

Mir wird von ihnen auf den Zahn gefühlt. Ich muss meine Kühnheit rechtfertigen, das deutsch-tschechische Thema mit seinen politischen und menschlichen Belastungen literarisch bearbeitet zu haben.

Wie bei meinem ersten Buch, habe ich mich gut vorbereitet. Nicht nur, dass ich Berlin generell nach besonderen Motiven durchstreift habe, mit denen ich „Schwimm! Gaston schwimm!“ die nötige Allgemeingültigkeit geben kann, ich habe sie auch fokussiert und Kontakt zum Tschechischen Zentrum in Berlin aufgenommen.

Es ist in einem schönen, alten Gebäude beherbergt, das renoviert worden ist und einen träumerischen Innenhof hat, in dem ein Baum wächst, der schon vor Ewigkeiten gepflanzt zu sein scheint.

Über das Tschechische Zentrum erfahre ich von der „Tschechischen Bibliothek", einer Literaturreihe in deutscher Sprache. Die Übersetzungen sind Meisterwerke für sich. Sie führen behutsam an die Sprache und Inhalte der Autoren heran, um deren Authentizität nicht zu verletzen.

Es handelt sich dabei zum großen Teil um Menschen böhmischer, mährischer, slowakischer oder anderer Herkunft, die wegen ihres Glaubens oder ihrer politischen Überzeugung verfolgt, misshandelt oder in ein Lager verschleppt wurden, wo sie vor Erschöpfung starben oder brutal ermordet wurden.

Andere sind emigriert.

Ich lese die Bücher, um in Erfahrung zu bringen, ob es Verständigungsbrücken gibt. Das Resultat ist deprimierend: ein Riesengebirge von Trümmern überragt die wenigen verbliebenen Gemeinsamkeiten.

Meine Antwort: „Schwimm! Gaston schwimm!".

Der Applaus in Pirna ist herzlich, die Presse verhalten. Ein relativ kurzer Artikel wird von einem Riesenbild gekrönt, das von dem fantastischen Schattenspiel mit seinen spektakulären Bildern vom Sonnenuntergang über der Arche Noah abgenommen worden ist. Die Musik bekommt eine nicht ganz faire Randnotiz, die Regiearbeit und das gesprochene Wort erscheinen als Begleiterscheinungen. Nicht nur das.

Am Morgen nach der Aufführung wird unter Aufsicht des Pedells abgebaut. Es kommt zu einer unschönen Kontroverse über seine Behauptung, die Vorhänge an den Fenstern wären beschädigt worden.

Frank Böhme, mein Mann und ich werden wüst beschimpft. Sogar Prof. Thomaschke, der Intendant des Festivals und Geldbeschaffer für viele kulturelle

Events, wird von den Anwürfen nicht verschont.

Die Auseinandersetzung gipfelt in dem Vorwurf gegen die Familie Wagner, sie würde für Wessis arbeiten.

Die Wagners kontern unmissverständlich. Danach wird von der Forderung nach einem pekuniären Schadensersatz für den angeblichen Verlust an Qualität bei den schweren Portieren vor den Fenstern in der Aula abgerückt. Der Abschied bleibt als deprimierend im Gedächtnis.

Die bange Frage:

Was erwartet uns nach Pirna in Dresden? Wieder eine steile

Treppe, kein Parkplatz vor dem Haus zum Entladen von unserem Schattentheater oder gar keiner zu Hause?

Die Theater haben Spielpause, die Verwaltung arbeitet mit halber Kraft zurück, aber der gute Wille hat doch etwas zustande gebracht: vor dem Hauptportal der Semperoper steht ein großes Plakat, das unsere Good-will-Tour zum Gedenken an die Flutopfer in der „Kleinen Szene" der Semperoper ankündigt.

Moralische Aufrichtung ist oft mehr wert als ein Euro zur falschen Zeit. Hinter den Kulissen hat das Internationale Forum für Musik und Kultur trotz aller Widrigkeiten so gute Arbeit wie möglich geleistet. Dennoch scheint im ersten Nachmittag in der „Kleinen Szene“ der Semperoper der Wurm zu sein.

Ausgerechnet an diesem ersten Nachmittag ist ein tschechisches Fernsehteam mit Kameramann, Moderatorin und einem Assistenten angerückt, bevor wir selber vor Ort sind.

Uns ist nichts und niemand avisiert worden. Wir erfahren von einem uns entgegen eilenden Mitarbeiter der „Kleinen Szene“, was uns drinnen im Zuschauerraum erwartet: die Vorbereitung für eine Reportage im Stil einer Kultur Dokumentation zur Ausstrahlung in den Hauptnachrichten des tschechischen Fernsehens am selben Abend. Frank Böhme und ich selber bieten uns als Interviewpartner an.

Es wird jedoch nach Therese Thomaschke verlangt. Als Regisseurin muss sie in der Lage sein, die Inszenierung für Fach- und Fachwerkwelt mit und ohne Gewerbeschein mundgerecht schmackhaft zu machen.

Therese ist noch nicht eingetroffen. Ihr fahrbarer Untersatz hat irgendwo auf der Landstraße gestreikt. Das ist die letzte Nachricht von ihr. Auch ohne das tschechische

Fernsehteam im Nacken, warten wir ungeduldig und nervös auf ihr Erscheinen, um die fällige Probe zu beginnen, die der Aufführung vorgeschaltet ist.

Als sie mit „hängender Zunge" hereinstürzt, macht sich ein Seufzer der Erleichterung Luft. Ich bitte das tschechische TV-Team, ihr Gelegenheit zu geben, sich erst einmal fernsehtauglich zu schminken.

Therese wehrt ab, die Moderatorin hat jedoch Verständnis, worauf Therese in der „Maske" verschwindet und in professionell kurzer Zeit wundersam gewandelt zum Interview erscheint. Unsere Therese! Ah - welch ein betörender Anblick!

Danach stehen wir alle Rede und Antwort, mal einzeln nacheinander, mal beinahe zusammen. Anschließend wird die gesamte Vorstellung mitgedreht. Wer wird schon protestieren wollen, nach Rechten fragen?

Zurück in Hamburg, erbitte ich eine Kopie des Films, was in vorzüglichem Deutsch abschlägig beschieden wird. Die Begründung im Jahr 2005: Das Archiv des TV-Senders verweigert seine Genehmigung.

Am Vormittag nach dem Dreh ist die illustre Matinee des Internationalen Forums für Musik und Kultur reichlich Entschädigung für vorangegangene Mangelerscheinungen:

„Sag ein paar Worte."

Die Aufforderung an mich kommt von Hans-Joachim Frey. Er hat die zwei Aufführungen in der „Kleinen Szene" der Semperoper ermöglicht.

Ich bin nicht vorbereitet, habe den Schock von Pirna kaum überwunden. Die leeren Zuschauerränge am Vortag tun ihr Übriges. Gerade deswegen halte ich eine Ansprache.

Die Scheinwerfer blenden. Ich sehe so gut wie nichts, spreche wie zu mir selber. Die Atmosphäre: in Hamburg würde man sie „gediegen" nennen.

Ich suche nach mentalen Anhaltspunkten für den Spannungsbogen in meiner Einleitung.

Jürgen Klimke und ein mit uns gut bekannter Notar haben aus Solidarität zu Hamburgs Partnerstadt und mir den Weg nach Dresden gefunden.

Für mich wird die Ansprache zu einer Generalprobe. Das ist gut so. Ich rede zu Menschen, nicht zu Gesichtern, deren Prominenz die Republik bewegt. Ich sage etwas zur deutsch-deutschen Vereinigung und ihren Schwierigkeiten, versuche Mut zu machen und bitte um geduldiges Verständnis während des „Schnupperkurses" von sich beinahe fremd gewordenen Gleichen. Danach: „Schwimm! Gaston schwimm!“, das Schattenspiel mit Musik. Es wird ein Erfolg.

Seele gerettet?

Die Dresdner Presse ist anderer Meinung. Eine wichtige Kulturredakteurin eines wichtigen (Dresdner) Blattes berichtet, dass sie kein Belegexemplar von „Schwimm! Gaston schwimm!“ zur Verfügung gestellt bekommen habe. Ich hätte sie wegen eines tschechischen Fernsehteams vernachlässigt und es nicht für nötig erachtet, ihr das erbetene Interview zu geben.

Zu allem Überfluss wird dann auch noch die kulturelle Darbietung an sich mit einem geharnischten Verriss nach Art von Rasenmähern bedacht.

Meine Gegendarstellung:

Ich habe mit der Dresdner Kollegin gesprochen und sie gebeten, sich einen Moment zu gedulden, als ich erfahre, dass sie mit mir ein Interview machen will und mich vergewissert, dass sie die ganze Vorstellung sehen will, so dass ich sie hinterher sprechen könnte, falls „der Moment" sich ausdehnen sollte, was er zugegebenermaßen tut.

Es kommt nach der Vorstellung nur noch zu einem kurzen Wortwechsel, während dessen ich heftig angegangen werde.

Ich versuche, ruhig zu bleiben und bringe mein Bedauern über den Kommunikations GAU zum Ausdruck. Die Reaktion darauf ist unumwunden negativ. Trotzdem eruiere ich noch in Dresden die Möglichkeiten einer Richtigstellung von Inhalt und Bedeutung unseres Schattenspiels mit Musik. Ohne Erfolg.

Schade.

Dresden bleibt aber ungeachtet aller „Tiefausläufer" als Highlight in Erinnerung, das besondere Beachtung verdient.

11

Die Wagners, Therese Thomaschke und Frank Böhme haben nach der letzten Vorstellung in der „Kleinen Szene" eine große Überraschung parat. Tuschel-Tuschel.

„Mach Dich mal im Zuschauerraum nützlich."

Immer diese Künstler unter sich!!

Ein Abgesandter erscheint schließlich und begleitet mich feierlich in die Garderobe.

„Setz Dich mal."

Ich bekomme einen Stuhl hingestellt, der mit allerlei Mänteln und Tüchern zu einer Art

Thron ausstaffiert ist. Mein Mantel ist nicht dabei. Hochanständig! Das sähe ja aus, als müsse ich mich warm anziehen. Therese schreibt noch irgendwas. Die anderen stehen ringsherum und warten.

Dann wird aus dem Leben der Autorin Irene Pietsch zitiert, die auszieht, um Ossis und Wessis zu vereinen. So ungefähr. Alles in Schüttelreimen, die manchmal barmen, immer umarmen.

Ich bin verlegen. So was geht mir richtig nahe. Dagegen kann ich mich nicht wehren. Wenn ich könnte, würde ich jetzt eine Runde Muffins schmeißen.

Geht aber nicht. Wir sind noch zu einem privaten Abschiedsimbiss eingeladen. Alleine? Wir sind doch ein Team! Ich halte Rücksprache mit den freundlichen Gastgebern aus dem Internationalen Forum für Musik und Kultur.

„Wer will mit?"

Die meisten wollen Richtung Heimat, Frank Böhme ist mit von unserer Partie.

Kuss auf die Wange. War es rechts oder links oder beides? Egal - Danke!

Tschüs - bis in Hamburg!

12

In Hamburg ist alles anders. Die Zeitungs- und Zeitschriftenartikel über „Schwimm! Gaston schwimm!“ sind beinahe überschwänglich und auch überregional von großem PR-Nutzen.

Ich meinerseits habe unsere Wohnung an der Schaartorschleuse in Abstimmung mit meinem Mann für Journalisten geöffnet, die eine „home story“ machen wollen.

Meine Intention ist es, ihnen zu demonstrieren, wie es sich in einer sogenannten Luxuswohnung im gepriesenen Hafencity Vorland mit Blick auf Schornsteine von Ozeanriesen lebt und wie es um die Verständigung bestellt ist, wenn alle Schleusenkammern voll geöffnet sind.

Das Erlebnis bewegt eine Redakteurin vom „Hamburger Abendblatt" zu der knallharten Frage, ob wir keine Angst vor Terroranschlägen hätten. 09/11 ist immer noch ein Menetekel.

Ich will mich nicht auf eine sicherheitspolitische Debatte jenseits des Buchinhalts von „Schwimm! Gaston schwimm!" einlassen und drücke den Hamburger Sicherheitskräften und -organen mein volles Vertrauen aus. Die Redakteurin nimmt es zu Protokoll.

Ich sehe den nächsten drei Vorstellungen von „Schwimm! Gaston schwimm!" als Schattenspiel mit Musik ohne Anflüge von Zweckpessimismus entgegen. Sie sind im Tierpark „Hagenbeck" und sollen nicht nur uns, sondern auch dem Tierpark einen Zuwachs an Besuchern bescheren. Ermöglicht wird der Einsatz durch die Oscar und Vera Ritter-Stiftung.

Ein Zoologischer Garten mit Elektroanschluss und Guckkastenbühne hat seinen Preis, bietet aber im Hochsommer einen einzigartigen Rahmen für die Bühnenarbeit zu „Schwimm! Gaston schwimm!".

Der Zoodirektor hat das Projekt an seine Assistentin delegiert. Frau Reif begleitet es mit viel Eigeninitiative. Sie ist eine der helfenden Hände und Ideenspenderin, ohne die unser Open Air Spektakel nicht derart erfolgreich geworden wäre.

Ein kleiner, aber nicht zu unterschätzender Nebeneffekt für mich: ich lerne mehr über den Puls des Zoologischen Gartens. Dafür werden von mir die genauen Zeiten der täglichen Sonnenuntergänge beim Deutschen Seewetteramt in Erfahrung gebracht.

Das hört sich einfacher an, als es ist. Die gewünschte Auskunft muss plausibel begründet werden.

Später bei „Hagenbeck“: die eingeholten Daten erweisen sich als untauglich, um die individuelle Stunde für den Vorstellungsbeginn zu bestimmen. Dort gilt die „Elefantenzeit“. Dann werden die Dickhäuter in ihr Haus gebracht und gefüttert.

Im Klartext: an drei aufeinander folgenden Abenden können wir ab ca. 20.00 Uhr unter dem Schutz von Tarnnetzen für Großwildfang mit unseren Wagen durch einen Seiteneingang

„auflaufen“, um auf dem ehemaligen Elefantenabreiteplatz die „Arena“ für Gaston, aufzubauen.

Nach getaner Tat wird Gaston Abend für Abend zum Protagonisten von Liebesduellen besonderer Art. Sinnigerweise wird die Veranstaltungsreihe, bei der er zu Gast ist, seit etlichen Jahren unter der Bezeichnung „Romantische Nächte“ durchgeführt.

Es zwitschert und röhrt, es schnauft und trompetet. Das passt. Das ist Stimmungsbild und -barometer in einem. Gegen aufkommenden Wind, der die Noten verblättern kann, haben wir Wäscheklammern. Diese Praxis stammt aus Frank Böhmes Denkfabrik.

„Kannst Du Wäscheklammern mitbringen?"

„Ich habe einen Tümmler."

In Frank Böhmes breite Stirn gräbt sich eine angestrengte Denkfalte.

„Gut, ich besorge welche."

Ich gehe in den nächsten Drogeriemarkt und kaufe ein Dutzend Wäscheklammern aus Holz. Die sind schwerer. Ich befreie sie aus ihrer Plastikeinschweißung und packe sie - ohne dem Firmenaufdruck Beachtung zu schenken - in einen Schuhbeutel um.

Es ist der einer Edelmarke, die bei manchen Taumel der Begeisterung, bei anderen Schweißausbrüche der Verzweiflung hervorruft. Ich habe die Beutel mit Schuhen irgendwann mal in Berlins ehrlichster Fundgrube für reduzierte Fußbekleidung gefunden.

Bei Wagner jun. brennt eine Sicherung durch oder besser: die Fantasie geht mit ihm durch. Er schnappt sich den Beutel mit den Klammern und mimt „Bordsteinschwalbe mit Klammerbeutel". Der Erfolg: schallendes Gelächter. Die romantischen Nächte kumulieren, koexistieren…

Am letzten Abend türmen sich bedrohliche Wolken am Himmel auf. Es gibt besorgte Mienen. Die Instrumente, die Gagen - Nur ruhig Blut! Es bleibt trocken. Die Steckdose auch. Der Bücherstand hat kein Licht - und keine Bücher. Gerade jetzt, wo man sich an uns gewöhnt hat!

Das nächste Mal wird´s besser. Dann bringen wir einen Akku mit und das Buch gibt´s günstig als e-book auf's Handy.

13

Nach Hamburg: zweimal Schloss Salzau, damals Sitz der Orchesterakademie des Schleswig-Holstein Musik Festivals und Spielort für die weiterbildenden Kindernachmittage des Festivals. Wer auf sich hält, lässt seinen Nachwuchs in Musik schwelgen.

Wir bekommen „Hundemarken" mit unseren Namen, mein Mann als „Rudelführer" sogar zusätzlich zum Dr. jur. die ehrenvolle Bezeichnung „Assistent".

Die Ausweise berechtigen uns zu freiem Essen in der Kantine und Zutritt zu den heiligen Hallen, bzw. dem heiligen

Stall, wo beispielsweise Maestro Bernstein Nachwuchsdirigenten zu Tempi anspornte, die sich vorher keiner zugetraut hätte, was manche Clownerie und Lachsalven zeitigte, aber pädagogisch von nachhaltigem Wert war und Maestro Eschenbach mit Zen buddhistischer Strenge die penible Befolgung seines Taktstockes einforderte. Wenn schon Abweichungen von der Partitur, dann nur und ausschließlich durch ihn. Ein Blick von ihm genügt. Das Ergebnis ist verblüffend. Nach allen Konzerten gibt es standing ovations!

Wir lassen den Stall in Salzau auf uns wirken. Die Erarbeitung von Partituren und Proben sind gelaufen. Nicht nur die Sächsische Staatskapelle und wir, auch das Festival Orchester des Schleswig-Holstein Musikfestivals ist auf Tournee.

Unser Tatort: die Scheune. Eine neue Herausforderung wartet auf uns: ein strenges Zeitregime. Wir können erst eine halbe Stunde vor angesetztem Beginn unseres Schattenspiels mit Musik aufbauen, was im Grunde fast unmöglich ist zu bewerkstelligen.

Die Veranstaltung vor uns: lauter Promis, die eine pädagogische Märchenstunde für

Kinder gestalten. Der Vorleser gehört zu den besten und angesagtesten überhaupt. Uns zu Gefallen macht er ein paar Minuten früher Schluss.

Ich habe Gelegenheit, mit ihm einige Sätze über seine interessante Berufsauffassung zu wechseln, entdecke sogar gemeinsame Bekannte, da wird nach mir verlangt. Die Leinwände müssen aufgestellt werden. Die Wagners rangieren sie hin und her und können sich nicht auf die Entfernung zum Publikum einigen.

„Irene, wir brauchen Deine Hilfe. Sag mal, wo für uns die Mitte ist."

Ich taxiere die Abstände und gebe die Markierungen an. Die Wagners nicken Zustimmung.

Alles richtig gemacht - Glück gehabt. Dann noch die Instrumente, die Musiker, Therese im Abendkleid - schon wird es in der Scheune lebendig.

Die Kleinsten mit Windelhöschen und Schnuller kommen auf Gummimatten in die erste Reihe, direkt unter die Nasen der Musiker.

Es ist heiß und stickig. Die Fenster können wegen der für den Effekt des Schattenspiels notwendigen Verdunkolung nicht geöffnet werden. Selbst die Tür muss geschlossen bleiben.

Die Halle ist mit ungefähr 700 Zuschauern proppevoll.

Die Einleitung kommt von einem Mitarbeiter des Schleswig-Holstein Musik Festivals. Sein Ressort: Kinderprogramme.

„*Was ist das für ein Instrument?*"

Der kundige Festival Mitarbeiter deutet auf Jaroslavs Schlagzeug ähnliche Instrumenten Installation.

Jaroslav lauert.

„Ein Marimbaphon."

Jaroslav strahlt und lässt den Klangkörper beben.

Was die Kleinen heutzutage alles wissen! Mit vier kannte

ich eine Orgel, ein Kinder-Xylophon und das dumpfe Geräusch einer in die Tage gekommenen Tambourinmembran.

Nach der Vorstellung:

„*Zu kurz*“, höre ich einen Jungen im Vorschulalter, als ich mich unauffällig unter die Besucher mische, bevor sie sich „festdrönen“ oder nach einem kurzen Klönschnack auseinander laufen.

Rund 40 Minuten ohne Pause - eine reife Leistung für so einen kleinen „Butscher“.

Eine Mutter weint bitterlich, den kleinen Sohn an der Hand.

„Da haben wir den Schlamassel!“, denke ich.

Wir kommen ins Gespräch. Sie hat einen Todesfall im engsten Familienkreis zu beklagen und stößt sich an Therese Thomaschkes Interpretation. Ich versuche, Worte des Trostes zu finden. Was ich nicht schaffe, schafft der Knirps:

„Gaston ist doch gar nicht tot!"

Wohl wahr!

Es ist die Abschiedsvorstellung der mit vielen Erfolgsmomenten gekrönten Tournee. Ich bin erschöpft, aber glücklich. Trennungsschmerz unterdrücke ich, obwohl ich meine, dass die Bewältigung der tückischen Hindernisse auf dem Weg zu den

Höhen der künstlerischen Rundungen und einer wohltuenden Publikumsbeliebtheit uns zusammengeschweißt haben.

Mein Trost: die Kontakte bleiben ja erhalten. Außerdem wartet auf Gaston eine besondere Ehrung: die Einladung zu einem Senatsfrühstück im schönen Rathaus der Freien und Hansestadt Hamburg.

Es ist eher ein zeitiges Mittagsmahl, das bei besonderen Anlässen und/oder für besondere Persönlichkeiten aufgetragen wird.

Gaston wird zusammen mit Bürgerinnen und Bürgern, die aktiv an den Rettungs- und

Hilfsmaßnahmen in Hamburgs Partnerstädten teilgenommen haben, von Kulturstaatsrat Stuth vorgestellt und begrüßt.

An der in Hufeisenform angeordneten Tafel: Frauen und Männer, denen die Tatkraft und intelligente Logistik ins Gesicht geschrieben steht und/oder deren schwielige Hände von der täglichen, meist schweren Arbeit zeugen. Ich bin die einzige mit einem Kulturprojekt in ihrem Rang und werde ein wenig misstrauisch beäugt.

„Wie sind Sie denn auf den Dampfer gekommen, mit einem Kulturprojekt Hilfe leisten zu können?"

„Bei einem Benefiz Dinner für die Flutgeschädigten habe ich Prof. Rauhe angesprochen.“

„Ah ja - verstehe. Zum Erfolg verurteilt!?“

„Sie irren! Zur Arbeit verurteilt! Gearbeitet haben wir! Erst war das Buch…“

„Das muss ich noch genauer hören. Haben Sie zufällig ein Exemplar bei sich?“

„Ja - warten Sie.“

Ich tauche ab in meine Handtasche. Zu spät. Die Neugierde meiner Tischnachbarn erfährt eine berechtigte Unterbrechung. Das Essen wird serviert. Drei Gänge, hanseatisch einfach und einfach köstlich.

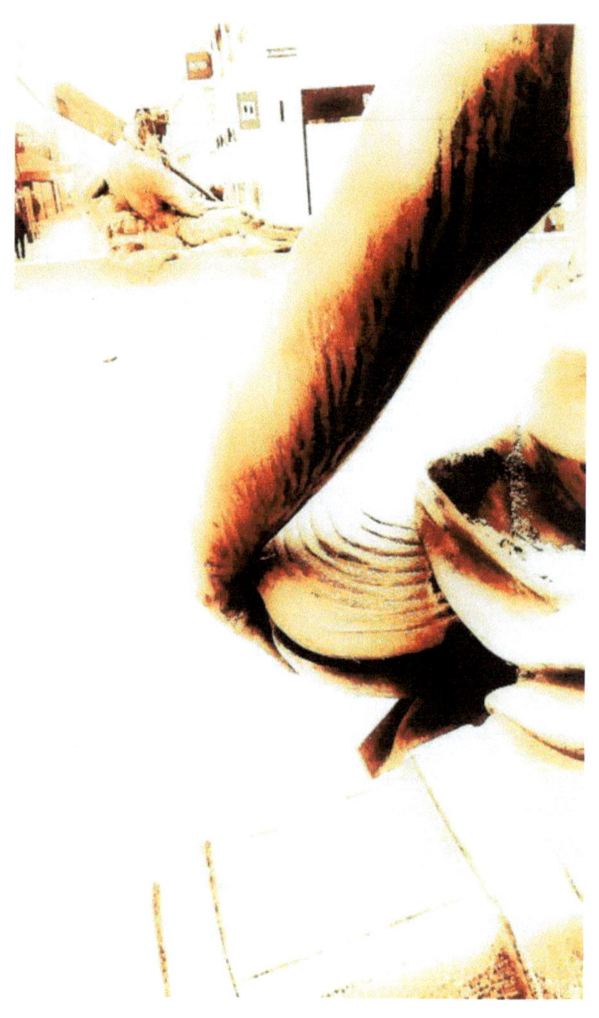

ProjektLabor

14

Musiker und Puppenspieler stehen nicht mehr zur Verfügung. Die dreiteilige Leinwand ist bereits irgendwo im Nirvana oder auf dem Weg dahin, was die Verwaltung des SHMF anficht. Schließlich redet mein Mann von Jurist zu Jurist. Das bringt Klärung.

Bleibt die Eigenmoderation bei Lesungen, eine multifunktionale Übung für mich, die viel Vorbereitungsarbeit kostet. Ich leiste sie gerne, um überzeugen zu können.

Nach wie vor ist keine Lesung gleich. Noch bedeutend intensiver als beim ersten Buch versuche ich, mich über Standortgegebenheiten und Publikum so gut wie möglich zu informieren und bereite für die Veranstaltungen entsprechende Skripte vor.

Eine der ersten darf ich als das Resultat sich glücklich verquickender Umstände werten. Es ist die Anfrage einer mit uns bekannten Malerin, der Frau eines Managers. Nicht wenige Medien nehmen sich des Topics dankbar an.

Gisella Reime hat ein eigenes Kulturmarketing Konzept entwickelt. In Berlin-Mitte hat sie leer stehende Räume aufgetan, die für die Ausstellung ihrer

Kunstwerke und die einer Freundin wie geschaffen sind. Eine fulminante Vernissage soll Anschub für weitere Aktivitäten werden.

Mein Mann und ich sagen zu.

„Können Sie aus Ihrem neuesten Buch lesen?"

„‚Schwimm! Gaston schwimm!'?"

„Das ist wohl so."

Gisella Reime ist gebürtige Mecklenburgerin. Da versteht sich manches von selbst.

Wir verabreden einen Termin, damit ich mich mit den Räumen und der Umgebung vertraut mache. Toll, was die beiden da auf die Beine stellen!

Sie hämmern und sägen Leisten für die Hängungen, putzen und rücken. Sogar für eine Security haben sie gesorgt, die ihre Galerie bewacht, wenn sie nicht in Berlin sind.

Eigentlich bin ich überflüssig - oder doch nicht.

„Sie können helfen, uns bekannter zu machen. Nehmen Sie sich man gleich einen ganzen Schwung Einladungskarten mit, damit sie nicht im falschen Moment ausgehen."

Ich denke an die Panne mit dem verlassenen Bücherstand bei „Hagenbeck". Recht haben sie!

Ich kann ihnen helfen. Nicht viel, aber etwas und verteile

die Karten an meine Berliner Bekannten und Freunde sowie Hamburger Bekannten und Freunde in Berlin. Dazu zählt Jürgen Klimke, mein Verleger von „Schwimm! Gaston schwimm!". Ich habe ihm versprochen, ihn über meine Aktivitäten auf dem Laufenden zu halten. Er selber hat keine Zeit zu kommen, will aber sehen, „was sich machen lässt".

Ein junger Mann vertritt ihn. Er ist - wie ich - lange vor Beginn der Vernissage vor Ort und möchte mit mir ein Interview für die Deutsche Welle machen. Die albanisch sprachige Redaktion des Senders hat ihn damit betraut.

„Albanisch?“

Denkpause.

Warum nicht? Die Wege meines ersten und zweiten Buches sind mit ungewöhnlichen Begebenheiten dicht gepflastert.

Der Reporter vor Ort ist Ben Shaban Kamili, Sohn albanischer Eltern und in Makedonien geboren. Als die Drangsalen des Balkankrieges nicht aufhören, verlässt er die Heimat, bekommt nach geraumer Zeit bangen Wartens die deutsche Staatsangehörigkeit, bewirbt sich erfolgreich um einen Studienplatz an der Kunsthochschule Düsseldorf und hat sich seitdem der Malerei verschrieben, was ihn nicht hindert, sich ebenfalls als Lyriker zu profilieren und mit albanisch sprachigen Poemen zu wirken.

„Ich habe Ihr erstes Buch gelesen.

Also doch wieder das „Putin Buch."

Laut sage ich: „Das freut mich. Nicht alle haben mein Buch gelesen und versuchen trotzdem, mit mir darüber ins Gespräch zu kommen.

„Darf ich Sie zu dem Buch etwas fragen?"

„Nein. Ich gebe keine Interviews mehr dazu."

„Nur eine einzige Frage! Bitte!!"

„Tut mir leid - nein."

Dann werde ich zu „Schwimm! Gaston schwimm!" befragt. Das Interview macht Spaß. Es ist kein Rede- und Antwortspiel, sondern ein Gedankenaustausch zwischen zwei ähnlich Gesinnten.

Die Geschichte von Gaston kommt bei Ben Kamili so gut an, dass er das Buch gerne ins Albanische übersetzt haben möchte. Wir vertagen die Beratung darüber auf das nächste und übernächste Treffen, wenn hoffentlich ein Sponsor gefunden sein wird.

15

Gaston hat also einen prima Einstieg als Alleinunterhalter. Das ist nicht wörtlich zu nehmen, Er fängt an, richtig Geld zu kosten.

„Gut", denken sich seine Schirmherren. Das sind mein Mann und ich. „Dann muss es eben sein. Wir schenken uns zu Weihnachten nichts. Eine Karriere bekommt man nicht umsonst."

Wir rennen vor und hinter Gaston her und machen gute Miene zu manch bösem Spiel. Eigentlich ist das Privileg einer Schirmherrschaft, in den

Genuss einer Exzellenz zu kommen, ohne dafür blechen zu müssen. Ich helfe mir mit bissiger Ironie:

„Braucht Gaston jetzt etwa auch noch Visiten- und Autogrammkarten?"

Ich leiste Überzeugungsarbeit. Das ist wie Kopfsteinpflaster mit der Nagelbürste reinigen. Die eigentlichen Überraschungen dabei sind nicht immer Asseln und Würmer. Es sind Schöpfungsverneiner verschiedenster Herkunft. Für sie gibt es nur d a s eine Buch. Es ist nicht die Bibel, sondern ein Parteibuch.

Bei einer Lesung in den öffentlichkeitswirksamen Räumlichkeiten der zweitchristlichsten Partei nach der CSU werde ich wegen der Parallele zur Bibelgeschichte scharf angegriffen - und verteidigt. Dank an die Retter!

Das Vorkommnis ist allerdings das Ende meiner Gutgläubigkeit, Menschen wären zur Versöhnung fähig, wenn man nur versucht, sie sowohl emotional als auch rational zu erreichen. Es gibt einige, die einfach dicht sind. Wie viele es sind, kann von Statistikern nur ungenügend erfasst werden.

Sie kommen erst aus ihren Löchern, wenn jemand reinbohrt.

Ich bohre weiter. Lesung für Lesung. Meistens ohne Honorar.

„Ihr Honorar?"

Die Handhabung ist unterschiedlich. Einige zahlen einen Anerkennungsbetrag, andere versprechen ein Honorar, zahlen aber nicht, wieder andere sind ganz auf Benefiz aus:

„Das Honorar - das sind die dankbaren Leser."

Na ja... Trotzdem: Auf zu neuen Taten mit neuen Gesichtern.

Neue Gesichter: in der Harburger Bücherhalle. Eine Kuschelecke mit lauter aufgeregten Kita Kindern. Eine Lesung(!) für „Kinder" wurde mir schmackhaft gemacht. Ich hatte nicht den blassesten Schimmer, was mich in der Harburger Bücherhalle erwartet, als ich zusagte.

Es ist gerade nach Mittag. Ob die Zwerge schon gegessen haben, weiß ich nicht. Es sieht zumindest nicht danach aus. In ungefähr einer Stunde werden sie von einem Elternteil oder einer anderen Aufsichtsperson abgeholt. Der eine oder andere Elternteil, auch deren autorisierte Vertretung verspätet sich allerdings manchmal. Wird mir gesagt.

„Man wird sehen."

Lesen ist unmöglich. Ich erzähle, erfinde ein Frage- und

Antwortspiel und zeige dazu die jeweils passenden Bilder aus „Schwimm! Gaston schwimm!“. Für eine volle Schulstunde ist von einer Stiftung gelöhnt worden. 45 lange Minuten, die ich mit Ideen füllen muss. Ich quäle sie mir mehr aus dem Ärmel, denn dass ich sie heraus schüttele. Eigene pädagogische Erfahrung während eines längeren Schulpraktikums und der Nachmittag beim Schleswig-Holstein Musikfestival in Salzau helfen etwas weiter.

Die Lütten sind zunächst erstaunlich konzentriert bei der Sache. „Deich“ kennen sie, „Damm“ nicht.

Ich probiere das erweiterte Schulungsprogramm.

„Wo fährt denn ein Zug?"

„Über die Brücke."

Geht, bringt mich aber nicht weiter. Die Kinder haben die Elbbrücken gemeint.

„Was ist eine Flut?"

„Viel Wasser."

„Habt ihr schon mal eine Flut erlebt?"

Schon purzeln die Geschichten durcheinander, wer, wann, wo eine Flut erlebt hat. Es hört sich an, als wenn sie Nacht für Nacht und Tag für Tag mit Notgepäck neben sich leben würden. Sie mögen das Buch, doch nach weniger als einer halben Stunde geht ihnen die Puste aus. Mir auch. Müde Kinder sind nicht gut zu motivieren.

Ich überlasse der Bibliothek ein paar Exemplare für die Kinder- und Jugendarbeit und warte, bis die Kinder „abgeschleppt" werden. Die Prozedur zieht sich. Die Bibliotheksangestellten sind sehr aufmerksam und hilfsbereit. Trotzdem habe ich das Gefühl, an meine Grenzen gegangen zu sein.

Neue Gesichter auch bei den AA (Anonyme Alkoholiker) - das Personal des Cafés der schön gestalteten Versammlungsstätte auf St. Georg.

Mein Mann, meine Freundin Ulli, die bei so gut wie keiner Lesung fehlt, der Quartiermanager des Stadtteils und meine Wenigkeit bleiben mit den Wackeren, die den Betrieb aufrecht halten, allein.

Es ist das erste Mal, dass ich darüber abstimmen lasse, ob die Lesung stattfinden soll. Wir einigen uns auf „Nein". Es ist kurz vor Weihnachten.

Ich spendiere ein paar Bücher. Vielleicht guckt jemand später mal rein. Unser Kaffee „geht auf's Haus".

„Fröhliche Weihnachten!"

„Auch so."

Nicht überall macht das Fest redselig. Das ist nun mal so in Hamburg. Das muss man mögen, aber auf keinen Fall übel nehmen.

Die Kulturzentren der Stadtteile sind gemeinhin eine gute Adresse, um neue Bücher vorzustellen.

Das „Bracula" ist neues Terrain für mich und eine gute Erfahrung. Die Leiterin und ihr Team sind engagiert bei der Sache. Sie gestalten sogar selber Informationszettel und Plakate, die sie an die umliegenden Geschäfte verteilen, um für die Lesung zu werben.

Der Eintritt ist moderat, aber allein die Tatsache, dass überhaupt ein Obolus erhoben wird, wirkt abschreckend.

Mir scheint die Mehrdimensionalität der multiplikatorischen Möglichkeiten, Meinungen zu bilden, immer wichtiger. Mit anderen Worten: es geht so nicht weiter.

Über „Seiteneinsteiger", einem Literaturförderungsprogramm für Kinder und Jugendliche aus der Software einer Literaturagentur, das von der Kulturbehörde bezuschusst wird, kann knapp vor Anmeldeschluss ein Schulprojekt an Land gezogen werden.

In der bilingualen Heinrich-Wolgast-Schule auf St. Georg ist mit „Schwimm! Gaston schwimm!“ richtig Action angesagt. M u s s angesagt sein! Es ist eine von beinahe null Chancen, den Standort der Grundschule zu erhalten. Die drohende Schließung beruht auf dramatisch rückgängigen Neuanmeldungen. Wir schreiben das Jahr 2005. Hamburgs Bildungspolitik ist im Umbruch.

„Hast Du eine Idee?“

Der Quartiermanager auf St. Georg will helfen.

„Wir versuchen, eine Kulturschule zu schaffen.“

Er ist Feuer und Flamme. Die Lehrerschaft zieht auch mit.

Das Theaterskript für 65 Kinder 2. und 3. Klassen verfasst das Kollegium in Zusammenarbeit mit mir. Es beinhaltet eine Doppelbesetzung aller Rollen und ist eine Sicherheitsmaßnahme gegen Eventualitäten wie z.B. Krankheit, Unlust, gelegentlich auch Lust, aber Unvermögen, sich mit der Rolle zu identifizieren.

Nach ein paar Proben habe ich mit der Direktorin einen angenehm temperierten Meinungsaustausch darüber.

Einige Rolleninhaber müssen ausgetauscht werden und bekommen etwas Passenderes, andere bedürfen noch einiger Nachhilfestunden.

Die Schulleiterin hat schon mal früher bei einem Lehrerfortbildungsseminar einen Regiekurs mitgemacht, aus dem sie Energie für ihre kraftraubende Karrierestellung bezieht. Eines ihrer Lieblingskommandos: *„Freeze!!"*

Die Direktorin gibt Anschauungsunterricht in Sachen Regie. Sie hat eine Flüstertüte. Auf einen Regiestuhl hat sie verzichtet, weil sie während der Einstudierung pro Probe mehrere Kilometer an Laufarbeit abreißt, um die Bande in Schach zu halten. Auch Sonnenbrille und/oder Schirm aus dem Standardprogramm von Teniscracks fehlen. Ersatzweise könnte ein Papierstirnband für Indianer beschafft werden, dass der Drogeriemarkt um die Ecke gerade kostenlos zur Bespaßung der Stadtteil Kids verteilt. Sie winkt ab.

„Aachtung! Alle auf die Plläätze!"

Die so megafonmäßig angesprochenen Darstellerinnen und Darsteller knuffen, buffen, kneifen und treten sich gegenseitig in Position.

„Aua!"

Das ist nicht die Regisseurin, sondern ein gepiesacktes Mädchen. Sie scheuert dem Täter kurzerhand eine. Die Situation eskaliert.

„AACHTUNG!"

Die kämpfenden Parteien halten inne. Noch schnell ein kleiner Kinken und der Anwurf, es mit einer „heulenden Sielratte" zu tun zu haben…

„Übrigens haben wir im Anschluss Mathematik. Jetzt bitte aufstellen zur Gesangsprobe."

Der Hinweis auf die Mathematikstunde hat die Wirkung wie

Knüppel aus dem Sack. Zum besseren Verständnis der nun folgenden Show an mustergültiger Disziplin wird mir von einer mir „beisitzenden“ Schülerin verraten, dass die Klassenarbeiten zurückgegeben werden. Sie selber ist die Ruhe selbst. Ihr Sechser ist ihr sicher.

„FREEZE!“

Die Kinder lieben das „Freeze“-Spiel. Es ist wie das beliebte Gesellschaftsspiel „Stopp-Essen“, nicht nur bei Kindergeburtstagen. Jeder muss bei „Stopp“ in genau der Pose, bei der Mimik, in dem Moment des Handlungsablaufs verharren, der von einem mutwilligen „Stopp" erwischt wird.

Und was ist, wenn man herunterschlucken will, lacht, spricht oder…

„Sollen wir nun singen oder nicht?"

Wie Kinder immer wieder die Schwachstellen von Autoritäten nutzen, ist bewundernswert.

„Wir singen,"

befiehlt die Direktorin.

„Eins, zwei, drei - und…

Die Musikpädagogin nickt mit dem Kopf den Einsatz und gibt auf einem ächzenden, stöhnenden Klavierfossil Melodie und

Rhythmus vor. Lied und Komposition stammen aus ihrer Feder. Sie hat sich sogar die Rechte daran gesichert.

Die Lehrerin und Direktorin singen dank guter Atemtechnik laut und deutlich vor.

Der Chor leiert die Ode an den „Golden Seal" - Gewinner 2005, Monsieur Robbébé Gastonique, herunter, als ob es sich um eine zwangsverordnete Sympathiekundgebung handelt, die man gedenkt, sofort aufzuheben, wenn sich die nächste Gelegenheit ergibt.

„Freeeze!!!"

Der Pausengong macht dem Teilschauspiel ein Ende. Noch ungefähr 25 weitere Proben werden folgen.

Der genaue Zeitplan dafür und anderes wird nach den Bedürfnissen und Notwendigkeiten des schulischen Alltags gemäß der Richtlinienkompetenzverwalter von behördlichen Vorschriften bestimmt. Einbezogen wird der Deutsch-, Geographie- Kunst- und Musikunterricht. Vor den großen Ferien müssen alle Vorbereitungen soweit abgeschlossen sein, dass danach mit den Proben begonnen werden kann.

Bis zum Schuljahresende sind es dann noch ein paar Wochen, die einkalkuliert worden sind, um Versetzungen und eventuelle Umschulungen vorzubereiten.

Einige Kinder werden auf eine andere Schule gehen oder gehen müssen, andere bleiben noch ein Jahr länger und bekommen den Hauptschulabschluss, andere werden sogar für ein Gymnasium empfohlen. Das ist das Größte. Davon träumt so manches Kind und legt sich ordentlich ins Zeug.

Die Anspannung ist den Jungen und Mädchen mehr und mehr anzumerken. Sie belastet manche sonst gute Merkfähigkeit. Das Resultat sind verstolperte Texte, Tränen, einmal gar ein Ausschluss. Der Erfolgszwang, auf der Bühne bestehen zu müssen, ist übergroß.

Ob insbesondere die Versetzungsgefährdeten alles jetzt Erlernte bis nach den großen Ferien behalten? Ich habe meine Zweifel und bemühe die Fachkompetenz der Direktorin:

„Wie ist es bei Ihren Schützlingen um das Kurz- und Langzeitgedächtnis bestellt?"

„Zwei, drei Stunden - dann haben wir sie wieder auf Kurs."

Mein Mann und ich vertrauen dem schnellen Zauber nicht ganz. Wir gehen mit ein paar Schülerinnen, die niemals vorher einen Tierpark besucht haben, zu „Hagenbeck" „Gaston gucken", damit sie das Stück besser verstehen, in dem sie agieren sollen.

Die schriftliche Genehmigung dafür hat sich die Direktorin von den Eltern per Mitteilung mit Rückschein geben lassen. Das ist eine Schutzmaßnahme der Schule gegenüber einer Elternschaft mit unterschiedlichsten ethnischen Hintergründen, die schwer anzusprechen ist.

Schriftliche Mitteilungen werden den Kindern nicht nur wegen des Zoobesuchs, sondern regelmäßig mitgegeben, um über die Abläufe in der Schule und die schulische wie auch ganz allgemein die Entwicklung der

Sprösslinge informiert zu halten. Das kommt den Eltern recht, passt aber den Schülern oft nicht, weswegen sie über eine beinahe normale Flusigkeit hinaus häufig in „gelenkte" Vergesslichkeit verfallen, die Zettel abzuliefern und damit ständige Kontrollen und Rückfragen provozieren. Selbst das pädagogisch inspirierte „Gaston gucken" ist gefährdet. Auf den letzten Drücker kommt die positive Rückmeldung dann doch noch. Es kann losgehen.

Es geht los! Ausgerechnet bei Gastons Verwandten, den Robben, ist die Begeisterung nicht überbordend. Giraffen sind mehr gefragt. Die Kinder müssen über eine Leiter zu ihnen hinaufsteigen, um sie füttern zu können. Die lange, blaue Zunge erstaunt auch mich. Wissenswert Erstaunliches reicht allerdings nicht, um die Zooneulinge in ihren Bann zu schlagen.

„Komm! Weiter…"

Ich werde unmissverständlich an die Hand genommen. Mein Mann bildet die Nachhut. Die eine oder andere Trödlerin muss immer mal wieder eingefangen werden.

Die kleinen Ziegen bieten einen Schmusefaktor, der sie sofort auf den ersten Platz der nach oben offenen Beliebtheitsskala klettern lässt. Selbst das gerade erst angeschleckte Eis hält die Kinder nicht davon ab, sich ein paar Streicheleinheiten zu gönnen. Die bereits tropfenden Eistüten werden bei mir zur Aufbewahrung abgeliefert. Mein Mann hilft, so gut er kann.

Den kritischen Schmelzpunkt der süßen Leckerei scheinen die Kinder vergessen zu haben. Dabei hat eine der drei Kadetten eben erst geschildert, wie es im Sommer in Holland (sic!) derart heiß wird, dass Haarspangen aus Plastik auf dem Kopf schmelzen. Bei ihr war der außerschulische Wandertag in das Tiergehege wohl als Reise nach Afrika angekommen.

Die anderen haben zugehört und den Ausflug in die Welt der Fernsehbildung nachvollzogen. Sie haben nicht protestiert, sie haben nicht gefragt und nicht gelacht. Die Hitze in Holland scheint Fakt.

Richtig heiß wird es für uns, als die Mädchen Autoscooter entdecken. Sie geraten beinahe außer Kontrolle. Wir müssen kräftig auf die Bremse treten. In Ordnung - akzeptiert. Wenig später liefern wir die drei wieder heil zu Hause auf St. Georg ab. Ob etwas „hängen geblieben" ist?

Mit etwas Fantasie könnte der Pavianfelsen bei „Hagenbeck" für das Bühnenbild Pate gestanden haben. Es soll jedoch das Elbsandsteingebirge mit seinen schroffen Gesteinswänden und tiefen Schluchten darstellen und wird unter kunstpädagogischer Anleitung von einer Gruppe Kunst begabter Kinder gestaltet.

Unsere „Zookinder" sind nicht dabei. Trotzdem bewegen sie sich in den Kulissen sicherer als zuvor. Es reicht nicht.

Manchmal wird nachgeholfen, dass sich die Spreu vom Weizen trennt. Ich bestehe auf weniger Trennung. Es gelingt. Die Inszenierung lässt Platz für gute Regieideen, die unter anderem von den Schülern selber kommen. Judoanzüge fürs Deklamatorische? Ausgezeichnet! Als Johnny Weissmüller, bevor er Tarzan wurde? Fragen wir mal die Sportlehrerin… Das alles kostet nicht viel, aber zu viel für eine arme Grundschule, die von der Schließung bedroht ist.

Die Kultur Stiftung der Hamburger Sparkasse, die GWG-SAGA und die Firma Haueisen helfen aus der Bredouille. Es bleibt sogar noch etwas, um Bücher zu kaufen, damit jedes der beteiligten Kinder ein Exemplar bekommen kann. Für viele wäre es das erste eigene Buch ihres Lebens…

Ich teile die Lehrerbedenken nicht, die Bücher würden von den Kindern nicht pfleglich genug behandelt werden oder könnten ihnen unter Umständen zu Hause abgenommen werden.

Ganz im Gegenteil! Ich bin sogar der Ansicht, dass in Ergänzung zu einer Buchlektüre Hörbücher mit Lesungen oder Hörspielen eingesetzt werden müssten, um die Gesamtrezeption einer Sprache und Kultur optimaler zu gestalten, kann aber meine Argumentation nicht hinlänglich vorbringen, ohne das Risiko zu laufen, vor der

Premiere eine wertmindernde Stimmung zu provozieren.

Sehr wichtig für den Erfolg der Premiere im November 2005: nicht nur deutsche Eltern, sondern ebenso türkische, afghanische, thailändische und afrikanische sind gekommen. Die populäre türkische Tageszeitung „Hürriyet" widmet „Schwimm! Gaston schwimm!" einen freundlichen Artikel, in dem die gelungenen Bemühungen, deutsch-türkische Verständigung zu verdeutlichen, hervorgehoben werden.

Anwesend sind ferner hochrangige Vertreter des Bezirksamtes Hamburg-Mitte, der Senatskanzlei, der Sozialbehörde, der Kulturbehörde, der Kulturstiftung der Haspa sowie viele Bekannte und Freunde, die meine Projektaktivitäten wohlwollend begleiten.

Das Aufgebot an Prominenten macht auf die Kinder keinen besonders großen Eindruck. Dennoch verhalten sie sich, als ob Knecht Ruprecht hinter der Tür stehen würde. Der Grund: ihre „Leibwache", der Hauptwachtmeister des Bezirks, ist gekommen und wirft das Auge des Gesetzes auf seine Rangen. Es lächelt zwar, aber wer weiß… Wenn er mitspielen würde, könnte man über Vorschussvertrauen reden.

Das bekommt der Hausmeister, der sich für einen Regieknüller bereit hält, den sich die Direktorin bis zum Schluss aufbewahrt hat. Er stürmt so lebensecht die Bühne, um Gaston zu retten, dass viele der Zuschauer an einen Unfall glauben und die Freiwillige Feuerwehr St. Georg bereits auf dem Sprung ist, mit technischer Vollausrüstung einzugreifen.

Die Kinder freut der Bluff, wie sie auch ihre Kostüme genießen. Sie lassen ein Stück ihrer eigenen kleinen und großen Persönlichkeiten in ihnen zur Entfaltung kommen. Das gibt Selbstvertrauen, weswegen das zur Generalprobe angerückte NDR-Team aus der weiten, bunten Welt der schwer fassbaren Illusionen imponierend, aber nicht einschüchternd auf sie wirkt.

Die Reporterin befragt die Direktorin, die Kinder und mich sehr einfühlsam und mit großer Sachkenntnis. Sie antworten lammfromm. Der schöne Bericht wird noch am späten Nachmittag desselben Tages im NDR-Fernsehen ausgestrahlt.

Ab jetzt könnte in der Heinrich-Wolgast-Schule auf St. Georg die Atmosphäre einer heilen Welt einkehren, aber es kommt beim Gastmahl der Götter zum Götterkniest, während ich an der Koppel sitze und mich bei einem Café Latte von der milden Sonne bescheinen lasse. Ich fühle mich an der Langen Reihe fast wie zu Hause.

„Die an dem Tisch dahinten hat ‚Gaston‘ geschrieben“, höre ich ein Mädchen zu einem anderen sagen. Die beiden kommen ganz in meine Nähe, gucken mich an, kichern, gucken weg, umkreisen mich.

Ich spreche sie an. Die auf mich gezeigt hat, ist eine der Aktricen in „Schwimm! Gaston schwimm!“ gewesen und immer noch stolz darauf.

Dennoch: die Blumen für besonders erfolgreiche Integrationsprojekte bekommt in Hamburg jemand anderes. Der als Außenseiter gestartete Gaston wird von infrage kommenden Jurys infrage kommender Wettbewerbe um die Effektivität und Schönheit von Integrationsprojekten nicht einmal platziert.

„Eine himmelschreiende Ungerechtigkeit", tönt es aus Richtung St. Georg. Das ritterliche Quarterhorse hat nicht verweigert und St. Georg hat auch die richtigen Hilfen gegeben. Dabei kennen sich beide bestens im Gelände aus, galoppieren seit Hunderten von

Jahren die Querfeldeinstrecke beinahe fehlerfrei.

Gemach, gemach!

Aus Berlin naht Hilfe. 2006 wird die Heinrich-Wolgast-Schule an der Greifswalder Straße/Carl-von-Ossietzky-Platz von Altbundespräsident Dr. Horst Köhler als „Kulturschule" ausgezeichnet. Das Thema Schließung ist vom Tisch. Damit ist eines der wichtigsten Ziele erreicht.

Es gibt eine Renaissance der Bildungskultur auf St. Georg. Die wird in der Aula der Heinrich-Wolgast-Schule, die wegen ihrer guten Ausstattung für viele Veranstalter und Veranstaltungswillige in der Gegend und um die Gegend herum ein Objekt der Begierde ist, mit einem kleinen Theaterfestival gefeiert.

Mein Mann und ich kommen still und heimlich dazu, setzen uns wie immer in eine der letzten Reihen auf die Außenplätze. Eingeladen worden sind wir nicht. Ich habe das Event der Tagespresse entnommen.

Wir verfolgen die Bühnenarbeit mit gespanntem Interesse. Die Regiearbeit ist gut, soweit ich erkennen kann. In einer der Hauptrollen: die „Problemschülerin" vom vergangenen Jahr, als „Schwimm! Gaston schwimm!" einstudiert wurde. Sie hatte ein Talent, jede Probe kaputt zu machen. Eines Vormittags war es soweit: das Maß war voll. Ich saß ausnahmsweise in der Mitte einer der ersten Reihen. Die Klassenlehrerin hat die Übeltäterin am Arm zu mir gezerrt und sie mir mit der Bemerkung „vor die Füße" geworfen:

„Da - sehen Sie zu, wie Sie mit ihr fertig werden."

„Komm her, setz' Dich neben mich."

Ein wütender Blick - sie setzt sich. Neben mir: ein vor Zorn und Abscheu bebendes Mädchen, das mich umgehend mit Anschuldigungen attackiert. Sie denke gar nicht daran, so eine blöde Geschichte zu spielen. Alles sei von vorne bis hinten erstunken und erlogen!

„Willst Du mir sagen, wie Du zu dieser Beurteilung kommst?"

Ihre vehementen Argumentationen zeugen von hoher Intelligenz und Sprachbegabtheit. Ich höre zu und hoffe, dass der Frustausbruch eine erste kleine Chance ist, ihrer Zerstörungswut auf den Grund gehen zu können.

Dann erkläre ich ihr meine Sicht der Fabel und versuche, die Geschichte von Gaston in andere Worte zu kleiden, so dass sie sich darin wiedererkennen kann. Das Ergebnis ist herzzerreißendes Schluchzen.

Sie und ihre Familie: Flüchtlinge aus dem Nahen Osten. Wie es scheint, lebt sie nicht erst in Deutschland unter dem Druck problematischer Familienverhältnisse, die in der vergifteten Atmosphäre einer Kommunikationskultur zwischen unterschiedlichen Ethnien und Religionsangehörigen im Nahen Osten ihren Ursprung haben. Kann sein, dass hier alles noch potenziert worden ist, kann sein, dass sich die Probleme verschoben haben, weniger sind sie wohl kaum geworden.

Ich, die selber in den wichtigsten Momenten meines Lebens kein Taschentuch habe, gebe ihr meines. Sie trocknet sich die Tränen, putzt sich die Nase.

„Kann ich jetzt wieder mitspielen?"

Nein, dafür ist es dieses Mal zu spät. Die schöne Rolle ist futsch. Wenn sie sich aber in der Klasse als teamfähig erweist, lässt sich bestimmt das nächste Mal etwas machen…

Und hier ist sie! Deutliche Artikulation, Betonung und Körpersprache – alles stimmt. Ich freue mich über ihren Erfolg, als wäre es meiner und suche sie nach der Aufführung in der „Garderobe", wo es von *„Hast Du (nicht) gesehen…?"* und *„Wo ist…?"* nur so wimmelt.

„Wo ist denn Amina?"

„Amiiina…"

Sie steht mit trotzigen Gesicht vor mir.

„Glückwunsch, Du warst toll!"

Sie nimmt den Glückwunsch seltsam unberührt entgegen.

Wenig später erfahre ich, dass die Schule sie für das Gymnasium empfohlen hat, die Eltern ihr aber den weiter führenden Schulbesuch verweigern.

Sie ziehen sogar ganz aus dem bisherigen Umfeld weg. Amina wird ein weiteres Mal entwurzelt.

Einmal ruft sie mich an. Sie ist verzweifelt. Ich soll - bitte, bitte! - mit ihrer Mutter sprechen. Vielleicht kann ich einen Gesinnungswandel bei ihr herbeiführen.

„Wann?"

„*Sofort!*"

Sie reicht den Hörer weiter. Soweit hat sie immerhin schon selber ganz überlegt eine erste Vorbereitung getroffen, dem ersehnten Gymnasiumbesuch näher zu kommen.

Die Mutter spricht recht gut Deutsch. Sie erzählt mir viel von sich, wenig von Amina, sondern von d e r Tochter und dem kleinen Bruder der beiden, aber zuvorderst von ihren eigenen, ganz intimen Schwierigkeiten.

„Gymnasium??--"

Ich verstehe und versuche, Amina Mut zu machen.

„Denk an Gaston! Der hat nie aufgegeben!"

Es ist von mir nicht leicht daher gesagt, aber es bleibt der schale Geschmack, ich hätte ihr Hilfe versagt.

Das einzige, was ich für sie tun kann, tue ich: ich mache

ihr Schicksal in Gegenwart wichtiger Entscheidungsträger öffentlich, damit das in sich erstarrte System tradierten Denkens sich bewegt und sich jemand der Gesamtproblematik annimmt, um sie in Übereinstimmung mit unserem Grundgesetz zu bringen.

Projekt
„Labe trifft Elbe"

16

Nach dem Tournee-Projekt mit der Dreidimensionalität Literatur-Kunst-Musiktheater und einer ebensolchen Dreidimensionalität bei dem Schulprojekt, ist eine weitere Dreidimensionalität auf noch breiterer Ebene folgerichtig:

Stadt-Land-Fluss.

Gaston schlüpft in die Rolle eines kulturellen Amphibienfahrzeuges. Ich entwerfe ein Markenzeichen für ihn. Dabei berücksichtige ich die gesamte Labe-Elbe-Region.

„Labe trifft Elbe" heißt denn auch mein neues Projekt ab 2006/2007. Angedacht ist die Einbeziehung der vorhandenen, wirtschaftlichen und kulturellen Infrastruktur der Anrainer Kommunen durch Bus, Bahn und Schiff. Eine Theaterplattform beispielsweise, ein flusskreuzfahrender Ponton mit Adapter für einen Landanschluss aus der Steckdose, i.e.: die gesamten sprachlichen wie kulturellen Komponenten eines der großen und bedeutenden Kultur- und Wirtschaftsräume West- und Osteuropas sollen in ein Projekt einbezogen werden.

Hilfreich bei der Entwicklung des Konzeptes sind in der Ferne die guten Kontakte nach Dresden, in der Nähe die zur Senatskanzlei der Freien und Hansestadt Hamburg sowie zur Handelskammer.

Sogar ein Sponsor ist gefunden, dessen Beitrag helfen soll, das Projekt anzuschieben und andere potentielle Sponsoren zu animieren, Herzen und Geldbörsen zu öffnen. Danach wage ich mich weiter vor.

Nach zahlreichen Informationsgesprächen mit kompetenten, in der besagten Region des Labe-Elbe-Einzugsgebietes erfahrenen Entscheidungsträgern aller demokratischen Parteien, Vorständen oder Geschäftsführern wichtiger Vereine, Verbände und Stiftungen, in denen ich nach Möglichkeiten von Geld- oder Sachbeiträgen forsche, sich einem Projekt „Labe trifft Elbe" wohlwollend zu nähern, bitte ich um ein Gespräch bei der Senatorin für Kultur und Sport der Freien und Hansestadt Hamburg.

Mein Konzeptpapier habe ich nach jedem Gespräch angepasst, um auf dem letzten Stand zu sein. Es ist das Protokoll eines sehr langen Weges.

Ich bekomme vom Sekretariat der Senatorin einen zeitnahen Termin und darf ihr die Grundzüge meines Projektes präsentieren.

Die Rezeption ist freundlich. Eine aktive Beteiligung wird für einen späteren Zeitpunkt in Aussicht gestellt.

Die Dreimastbark Robbenklasse kommt ins Trockendock. Nach Instandsetzung wird sie wieder flott gemacht werden.

Bitte umblättern®

Ordinarius Veccius

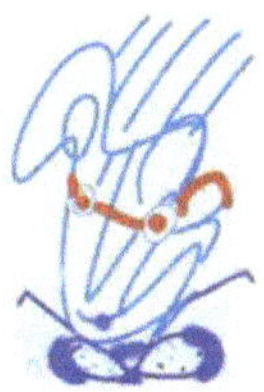

Weitere Bücher

von Irene Pietsch im Mandamos Verlag UG (haftungsbeschränkt)

DoKa

Landarzt mit Zukunft, Russlands Beitrag zur Kultur Europas in Modest P. Mussorgskys „Bilder einer Ausstellung", ist außerdem Dramaturg des großen Rätselratens um Nachspielzeiten in seiner bewegten Familiengeschichte, die er versucht, mit Mussorgskys Hilfe aufzudecken.

Paperback ISBN 978-3-946267-03-4
Hardcover ISBN 978-3-946267-04-1
e-Book ISBN 978-3-946267-05-8

ggg.plattform.ka

…ist eine gewollte Satire.

Götter in Eile. Götter unter Erfolgsdruck. Engelsgleiche Geduld liegt ihnen nicht besonders, weswegen sie selber außerirdischer Hilfe bedürfen, um sich auf Erden beweisen zu können.

Paperback ISBN 978-3-946267-06-5
Hardcover ISBN 978-3-946267-07-2
e-Book ISBN 978-3-946267-08-9

Gestatten, mein Name ist Urbs

Urbs ist Gesandter in geheimem Auftrag einflussreicher Persönlichkeiten, um Lebensgewohnheiten vor Ort zu untersuchen. Dabei stößt er auf einen verdächtigen Handel mit Innovationen.

Paperback ISBN 978-3-946267-09-6
Hardcover ISBN 978-3-946267-10-2
e-Book ISBN 978-3-946267-11-9

Der kleine Mecklenburger

Ordinarius Villanova und Ordinarius Veccius machen sich auf den Weg, um den östlichen Nachbarn kennen zu lernen und erleben ein Konzert aus großem Theater, Oper und Kabarett.

Paperback ISBN 978-3-946267-12-6
Hardcover ISBN 978-3-946267-13-3
e-Book ISBN 978-3-946267-14-0

Jabo Clic

Im Mittelpunkt der Betrachtungen steht die Frage, ob die Welt ohne die Kreation des Tafelspitzes besser geworden wäre. Herr Grotschy gibt fachkundige Antwort. Er bezieht sich dabei auf den Komponisten Josef Haydn.

Paperback ISBN 978-3-946267-21-8
Hardcover ISBN 978-3-946267-22-5
e-book ISBN 978-3-946267-21-2

Gattissimo!

…ist die Geschichte einer ungewöhnlichen Partnerschaft, die durch künstlerische Schwarzweiß- und Farbcollagen dargestellt wird.

Paperback ISBN 978-3-946267-24-9
Hardcover ISBN 978-3-946267-25-6
e-Book ISBN 978-3-946267-26-3